DISSERTATION

SUR LE

JARDINAGE DE L'ORIENT.

PAR

Mr. DE CHAMBERS,

Chevalier de l'Étoile Polaire, Controlleur Général
des Bâtimens du Roi, Architecte de la Reine,

Trésorier de l'Académie Royale des Arts de Londres,
Membre de la Société Royale des Sciences de Stockholm, de
l'Académie Impériale des Arts de Florence, & de
l'Académie Royale d'Architecture de Paris.

Ouvrage traduit de l'Anglais, avec plusieurs additions
fournies par l'Auteur.

A LONDRES:

Chez G. GRIFFIN, dans *Catharine-Street* ; T. DAVIES, dans *Russel-Street,*
Covent-Garden ; J. DODSLEY, dans *Pall-Mall* ; WILSON & NICOL, &
P. ELMSLEY, dans le *Strand* ; & J. WALTER, à *Charing-Cross.*

MDCCLXXII.

A U R O I.

S I R E,

J'OSE mettre aux pieds de VOTRE MAJESTÉ *la Differtation fuivante fur un Art dont vous êtes le premier Juge ainfi que le plus généreux Protecteur.*

VOTRE MAJESTÉ *daigna recevoir il y a plufieurs années une efquiffe de ce petit ouvrage, & fa Protection lui valut dans le monde un accueil favorable. Aujourd'hui que mon travail eft plus étendu, je fouhaiterais qu'il fût auffi plus parfait, & qu'ayant un titre plus légitime à Votre Indulgence, il en méritât mieux le fuffrage du Public.*

Je fuis avec un profond refpect,

S I R E,

DE VOTRE MAJESTÉ

Le très humble

& très fidèle

Serviteur & Sujet,

GUILLAUME CHAMBERS.

PRÉFACE.

DE tous les arts de décoration il n'en eſt aucun dont l'effet ſoit auſſi étendu que celui du Jardinage. Les productions des autres arts ont leurs claſſes ſéparées d'admirateurs qui ſeuls y prennent plaiſir, ou y attachent une grande valeur; le reſte du monde les regarde avec indifférence, quelquefois même avec dégoût. Un bâtiment ne cauſe d'autre plaiſir à la plûpart des hommes que celui qui réſulte de la grandeur de l'objet ou de la valeur de ſes matériaux; comme un tableau ne les affecte que par ſa reſſemblance à la nature: mille autres beautés d'un genre plus élevé ſont totalement perdues pour eux; car dans l'Architecture, dans la Peinture, & dans preſque tous les arts, il faut apprendre avant de pouvoir admirer; la ſenſation marche d'un pas égal avec le jugement, & ce n'eſt qu'en ayant beaucoup de connaiſſance qu'on a beaucoup de plaiſir.

Mais le Jardinage eſt d'une nature différente: ſon domaine eſt général, ſes effets ſur l'eſprit humain ſont certains & invariables.

A

Sans

P R É F A C E.

Sans aucune inftruction préliminaire, & fans avoir été enfeignés, tous les hommes font agréablement frappés du tableau riant & pompeux de l'été, tous font abbatus aux triftes apparences de l'automne. Les charmes de la culture fe font fentir à l'ignorant comme au favant, & la groffiéreté de la nature trop négligée déplaît également à l'un & à l'autre. Les gazons, les bois, les bofquets, les rivières, les montagnes les affectent tous deux de la même manière, & toutes les combinaifons de ces objets exciteront dans leur ame des fenfations fimilaires.

Les productions de l'art du Jardinage ne font pas moins permanentes que générales dans leurs effets. Les tableaux, les ftatues, les bâtimens raffafient bientôt la vue, & deviennent indifférens au fpectateur; mais dans les Jardins il exifte, pour ainfi dire, un état continuel de fluctuation qui ne laiffe aucune prife à la fatiété; le progrès de la végétation, les viciffitudes des faifons, les changemens de temps, les divers afpects du foleil, le paffage des nuages, l'agitation & les fons produits par les vents, ainfi que l'intervention accidentelle des objets mouvans ou animés, toutes ces chofes varient les apparences fi fréquemment & d'une manière fi marquée, qu'il eft prefque impoffible que les mêmes points de vue parviennent à nous dégoûter.

N'eft-il donc pas fingulier qu'un art avec lequel une partie confidérable de nos jouiffances fe trouve fi univerfellement liée, n'ait aucun profeffeur dans notre partie du monde? Sur le Continent c'eft

une

une branche collatérale de celui de l'Architecte, qui plongé dans l'étude & distrait par les occupations de son état, n'a point de loisir pour d'autres recherches. Dans notre Isle il est abandonné aux Jardiniers-potagers, fort experts sans doute dans la culture des salades, mais très peu versés dans les principes du Jardinage de décoration. Il ne faut pas s'attendre que des hommes sans éducation, & condamnés par leur condition même à s'épuiser dans un travail grossier, puissent jamais aller bien loin dans la poursuite d'un art qui demande des connaissances difficiles & un goût très épuré.

On ne rendrait pas raison de ce manque de professeurs, mais on pourait dire qu'il est la cause, en grande partie, que les Jardins parfaits sont si rares. En effet dans la portion du globe que nous habitons, vous n'en trouverez qu'un très petit nombre dans lesquels l'art mis en usage avec une intelligence supérieure, ait su tirer de la nature le parti le plus avantageux. Les Jardins de l'Italie, de la France, de l'Allemagne, de l'Espagne & de toutes les contrées où l'ancien genre prévaut encor, ne sont en général que des villes de verdure. Les allées, semblables à des rues tirées au cordeau, partent réguliérement de différens espaces découverts qui ressemblent à des places publiques; & les palissades dont on a soin de les border, s'élevant à l'imitation des murailles, sont ornées de pilastres, de niches, de portes & de fenêtres, ou taillées en colonnades, en arcades & en portiques. Tous les arbres détachés sont découpés en obelisques,

en

en pyramides & en vafes : toutes les retraites ménagées dans
l'épaiffeur des bofquets ont le nom & la forme de théâtre ou
d'amphithéâtre, de falle de bal ou de feftin, de cabinet & de fallon.
Les places & les rues font bien garnies de ftatues de marbre ou de
plomb bordant la haye auffi réguliérement que des foldats à une
proceffion, & qui, pour que la vérité foit plus frappante, font
quelquefois colorées comme la nature ou magnifiquement dorées.
Les lacs & les rivières emprifonnés dans des quais de pierres de taille
ont appris à couler dans un ordre géométrique, & vous voyez les
cafcades defcendre des hauteurs, à pas comptés, par un efcalier de
marbre.   La plus petite branche n'a pas la permiffion de croître au
gré de la nature, & nulle forme n'eft admife qui n'ait l'empreinte de
la fcience, & qu'on ne puiffe déterminer au niveau & au compas.

En Angleterre le goût dominant eft oppofé à celui de l'Europe
entière : l'ancien genre eft en horreur, & nous avons univerfellement
adopté une manière nouvelle dans laquelle on a profcrit jufqu'à
l'apparence même de l'art ; en forte que la plûpart de nos Jardins
diffèrent très peu des champs ordinaires, tant la nature vulgaire y eft
fervilement copiée.   On y trouve en général fi peu de variété dans
les objets, une fi grande féchereffe d'imagination dans l'invention, un
art fi borné dans l'ordonnance, que ces compofitions paraîffent plutôt
l'œuvre du hazard que la production d'un deffein réfléchi.   Un
étranger eft fouvent embaraffé de favoir s'il fe promène dans une

prairie

prairie, ou dans un Jardin de plaifance planté & entretenu à grands fraix. Il ne voit rien qui l'amufe, rien qui excite fa curiofité ; il n'apperçoit aucun objet qui puiffe foutenir fon attention. A peine eft-il entré qu'on le régale de la vue d'une grande piéce verte*, fur laquelle quelques arbres éparpillés femblent fe fuir les uns les autres, & dont le pourtour eft une bordure confufément chargée de fleurs & de petits abriffeaux. En avançant un peu plus loin, il trouve un petit fentier tortueux qui par des *effes* régulières ferpente autour des arbriffeaux de la bordure ; il doit tournoyer dans ce fentier, pour voir d'un côté ce qu'il a déja vu, la grande piéce verte, & de l'autre la muraille du Jardin qui n'eft jamais qu'à quelques toifes de lui, & ne ceffe d'importuner fes regards. De tems en tems il apperçoit une petite loge ou un petit temple collés contre la muraille ; charmé de cette découverte il s'affied, repofe fes membres fatigués, & enfuite fe remet à tourner, en maudiffant la *ligne de beauté* † ; mais bientôt accablé de laffitude, à demi-brûlé par le foleil, car il n'y a jamais d'ombrage à efpérer, & prêt à périr d'ennui, il prend le parti de n'en

---

* Le goût de ces piéces vertes commence à s'introduire dans le Continent ; je connais même un païs, où l'on place, au milieu de la piéce verte, une corbeille verte d'une capacité énorme dans laquelle font entaffées toutes les fleurs imaginables. Des moutons ornés de rubans couleur de rofe, avec une bergère habillée comme celles de l'opéra, fe promènent fur la piéce verte, & cela s'appelle un Jardin à l'Anglaife.

† Tout le monde connait la ligne ondoyante de Mr. Hogarth & fes admirables propriétés.

pas

pas voir d'avantage : vaine refolution ! Il n'y a qu'un feul & unique fentier ; il fera obligé de s'y traîner jufqu'à la fin, ou de retourner fur fes pas par l'ennuyeux chemin qu'il a déja parcouru.

Tel eft le plan favori de tous nos Jardins d'une médiocre étendue, & les plus vaftes ne font qu'une répétition de ceux-ci. Vous y verrez plus de piéces vertes, & plus d'arbriffeaux entaffés, & plus d'allées ferpentines, & plus de petites loges. Figurez-vous le repas de ce bourgeois qui n'était autre chofe que la répétition multipliée de fon diner particulier, c'eft-à-dire, trois gigots de mouton aux navets, trois oyes roties, & trois tartes de pommes bien beurrées.

On conçoit facilement que le genre tout artificiel, & la manière toute fimple dont on vient de parler ne font ni juftes ni raifonnables. L'un s'écarte de la nature d'une façon trop extravagante, l'autre s'en rapproche avec un précifion trop fcrupuleufe. Si le premier genre eft abfurde, le fecond eft infipide & trivial ; leur mélange judicieufement combiné ferait affurément plus parfait que l'un ou l'autre.

Mais on ne fait pas trop comment cette union peut s'effectuer ; les partifans de l'art & les amis de la nature défendent avec une égale vivacité le fyftême qu'ils favorifent, &, comme tous les gens à parti, ils ont une répugnance extrême à céder la moindre chofe, quelque déraifonnable qu'elle puiffe être.

II *

Il ne faut donc point s'attendre ici à une réunion de cette nature :
quiconque ferait affez hardi pour la tenter, pourait très bien encourir
la cenfure des deux partis, & ne convertir perfonne; il fe nuirait à
lui-même fans que l'art en profitât.

Mais quoiqu'il parût peu convenable & même inutile de propofer
un nouveau fyftème de fon invention, il n'y aurait cependant rien de
déplacé, ni d'abfolument infructueux, à publier le fyftême des autres,
fur tout s'il venait d'un peuple auquel fon intelligence dans le
Jardinage a fouvent mérité nos éloges, & dont la manière a été
proclamée parmi nous comme le modèle à fuivre, fans que jamais on
ait bien défini ce qu'elle était. On dit ordinairement qu'il n'eft rien
de fi mauvais dont on ne puiffe tirer quelque chofe de bon; ce que
je vais écrire pourait être au deffous de ce qui eft déja connu, mais
j'oferai croire qu'on en retirera toûjours quelques idées utiles.

Je peux donc, fans inconvénient pour moi-même, & fans crainte
d'offenfer perfonne, préfenter le détail fuivant de la Manière Chinoife
en fait de Jardinage. C'eft le recueil de mes propres obfervations à
la Chine, des converfations que j'ai eues avec les Artiftes Chinois,
& des remarques qui m'ont été tranfmifes en différens tems par les
voyageurs. Il y a quelques années qu'on publia l'efquiffe que j'effaye
de finir aujourd'hui, & l'accueil favorable dont cette petite production
fut honorée, m'engagea dèflors à raffembler les matériaux qui
compofent l'ouvrage actuel.

Je ne dois point entrer en matière ſans me juſtifier en quelque ſorte des libertés que j'ai priſes en parlant de nos Jardins Anglais. On en citerait pluſieurs qui certainement n'appartinrent jamais à ma deſcription. Quelques uns ſont l'ouvrage de leurs propriétaires qui excellent dans le Jardinage, ainſi que dans toutes les connaiſſances de goût & d'agrément; les autres doivent à la nature leurs principaux avantages; & à tout prendre, l'art n'a preſque point contribué à les embellir. Si ſes travaux ont rendu quelques unes de leurs beautés plus ſaillantes, en revanche ils ont trouvé le moyen d'en dérober un plus grand nombre.

Ce ſerait une choſe ennuyeuſe que l'énumération de toutes les erreurs enfantées par le faux goût : mais on ſe rappellera toûjours avec indignation le ravage qu'il a cauſé dans les Jardins plantés par nos pères. La hache a ſouvent exterminé dans un jour le produit de pluſieurs ſiécles. Des milliers de tiges vénérables, des forêts entières ont été balayées pour faire place à un peu de gazon & à quelques méchantes herbes d'Amérique. Depuis le *Land's-end* juſqu'à la *Tweed,* nos *Virtuoſes* ont à peine laiſſé un arpent d'ombrage, ou trois arbres plantés ſur la même ligne ; & ſi leur manie de dévaſter dure encor quelque tems avec la même violence, on ne laiſſera pas ſur pied un ſeul arbre de haute-futaie dans tout le royaume.

DISSERTATION.

DISSERTATION.

PARMI les Chinois le Jardinage est beaucoup plus estimé qu'en Europe, & tout ouvrage accompli dans ce genre est mis au nombre des grandes productions de l'intelligence humaine ; ils prétendent même qu' aucun des arts ne surpasse le Jardinage dans la puissance d'émouvoir les passions.

Leurs Jardiniers ne sont pas seulement Botanistes, ils sont encor Peintres & Philosophes ; ils ont une connaissance profonde du cœur humain, ainsi que des arts par lesquels on excite ses plus vives sensations. Ce n'est point à la Chine, comme en Italie & en France où chaque petit Architecte est Jardinier ; ce n'est point non plus comme dans une autre contrée fameuse où des rustres sortent tout-à-coup d'une melonière pour devenir professeurs ; à peu près comme Sganarelle faiseur de fagots quitta sa coignée pour se métamorphoser en médecin. A la Chine, le Jardinage est une profession distincte qui éxige une étude très étendue & dans laquelle peu arrivent à la perfection. Là les Jardiniers, loin d'être ignorans & non lettrés, sont des hommes du plus grand talent qui doués naturellement d'un bon esprit ont su

B

l'orner

l'orner de tout ce qu'on peut acquerir par l'étude, les voyages & une longue expérience. Ce n'eſt jamais que quand ces qualités ſont bien reconnues qu'on leur permet d'exercer leur profeſſion ; car chez les Chinois le goût du Jardinage de décoration eſt un des objets de l'attention du légiſlateur ; on imagine que ce goût influe ſur la culture générale, & par conſéquent ſur la beauté de tout le païs. On obſerve encor que les mépriſes en matière de Jardinage ſont trop importantes pour être ſouffertes : elles ſe trouvent trop expoſées à la vue, & il eſt d'autant plus difficile de les réparer, qu'il faut ſouvent l'eſpace d'un ſiécle pour corriger les ſottiſes d'une heure.

Les Jardiniers Chinois prennent la nature pour modèle, & leur but eſt d'imiter toutes ſes belles irrégularités. Ce qu'ils conſidèrent d'abord, c'eſt la nature du terrein ſur lequel ils doivent travailler : s'il eſt de niveau ou en pente ; ſi ce ſont des coteaux ou des montagnes ; s'il eſt d'une étendue médiocre ou conſidérable, abondant en ſources & en rivières, ou privé d'eau dans toutes ſes parties ; ſi c'eſt un terrein nud ou couvert de bois, raboteux ou uni, aride ou fécond ; ſi les tranſitions ſont bruſques & le ſite ſublime, ſauvage, ou terrible ; ou ſi les gradations ſe trouvant obſervées, le caractère général eſt tranquille, ſombre, ou riant. Ils obſervent toutes ces circonſtances avec la plus grande attention, & dans les diſpoſitions qu'ils imaginent, la préférence eſt toûjours pour celles qui adaptées d'une manière piquante au terrein, ſavent cacher ſes

défauts

défauts en mettant les beautés dans tout leur jour, & qu'on peut exécuter promptement fans faire une grande dépenfe.

Les Jardiniers Chinois fe réglent encor fur les facultés du propriétaire qui les employe, fur fon opulence comme fur la médiocrité de fa fortune ; ils ont égard à fon âge, à fes infirmités & à fon caractère ; à fon genre d'amufemens, de liaifons ou d'affaires ; à fa manière de vivre, & enfin à la faifon de l'année dans laquelle fon Jardin jouira plus fréquemment de fa préfence. C'eft d'aprés fon état & fes moyens que leur compofition heureufement imaginée pourvoit à fes befoins & à fes plaifirs. Leur talent confifte à lutter contre les défauts & les imperfections de la nature ; il doit échaper à toutes les entraves & produire, malgré tous les obftacles, des ouvrages auffi rares qu'accomplis dans leur genre.

Quoique la nature foit le grand modèle des Artiftes Chinois, ils n'y font pas tellement attachés que l'art n'ait jamais la permiffion de fe montrer avec elle ; ils penfent au contraire que dans plufieurs occafions l'étalage faftueux de leurs travaux devient une chofe néceffaire. La nature, difent-ils, ne nous a pas donné beaucoup de matériaux à employer. Le terrein, l'eau & les plantes, voilà fes productions : à la vérité l'arrangement & la forme de ces objets peuvent fe diverfifier à l'infini, mais ils n'ont par eux-mêmes qu'un petit nombre de variétés frappantes ; les autres font de la même nature que les

B 2

changemens

changemens alternatifs d'une fonnerie dont la différence, toute réelle qu'elle foit, n'empêche pas qu'on ne les prenne pour une monotonie continue, parceque leur variation eft fi légère qu'elle devient im— perceptible.

Il faut par conféquent que l'art fupplée à l'infuffifance de la nature, qu'il ferve à donner de la variété, & qu'il produife encor de la nouveauté & de l'effet. Dans les champs les plus ordinaires la fimple nature a tout arrangé jufqu'à un certain dégré de perfection, mais le fpectateur trop habitué à ces combinaifons ne peut éprouver en les voyant ni une forte fenfation, ni un plaifir bien vif.

Il eft vrai qu'on peut parvenir à la nouveauté & à la variété, en tranfportant dans un païs les chofes qui font particulières à une autre région : en introduifant dans les plaines des cataractes, des rochers hériffés de forêts prêtes à fe détacher de leurs cimes, & d'autres objets également pittorefques ; en prodiguant les eaux dans les lieux arides, & les champs applanis par la culture au milieu des montagnes les plus fauvages : mais cette reffource, quelque abondante qu'elle paraîffe, eft bientôt épuifée, & d'ailleurs il eft très rare qu'on puiffe l'employer fans fe jetter dans une grande dépenfe.

Les Chinois ne font donc point ennemis des lignes droites, ils favent qu'en général on ne parvient point à la magnificence fans leur

fecours

ſecours; ils n'ont pareillement aucune averſion pour les figures régulières de Géométrie. Ces figures ſont belles en elles-même &
s'adaptent parfaitement aux petites compoſitions dans leſquelles les
profuſions irrégulières de la nature pouraient géner ou couvrir les
parties qu'elles doivent embellir. Ils penſent auſſi qu'elles conviennent aux Jardins-fleuriſtes & à toutes les autres compoſitions qui
manifeſtent beaucoup d'art dans la culture, & où par conſéquent il
n'en faut point omettre dans la forme.

Leurs bâtimens réguliers ſont communément environnés de terraſſes
artificielles, de talus & de pluſieurs rampes d'eſcalier. Les angles des
perrons ſont ornés de groupes de Sculpture & de vaſes entremêlés de
fontaines jailliſſantes, qui ſe liant à l'Architecture la rendent plus impoſante, & ajoutent à la vivacité, à la ſplendeur & au fracas du tableau.

Autour de l'habitation principale & de tous les édifices décorés,
le terrein réguliérement aligné eſt entretenu & diſtribué avec le plus
grand ſoin. On ne ſouffre aucune tige qui puiſſe intercepter la vue
des bâtimens, aucune ligne qui ne ſerve d'accompagnement à l'Architecture & ne contribue au bon effet de l'enſemble. Ils croyent
que rien n'eſt plus abſurde que d'entourer une fabrique élégante, de
l'image groſſière & déſordonnée de la végétation: cette méthode qui
ne préſente à l'eſprit que l'idée d'un travail imparfait, ils la comparent à un diamant enchaſſé dans du plomb. Si les bâtimens ſont

ruſtiques

ruſtiques, la ſcène qui les environne eſt ſauvage: s'ils ont de la grandeur, elle eſt grave & ſombre ; s'ils ſont rians, on y voit l'aménité, la
grace & la fécondité. Les Chinois enfin conſervent ſcrupuleuſement
le même caractère dans toutes les parties de la compoſition, & c'eſt
une des grandes cauſes de cette variété ſurprenante qui abonde dans
leurs ouvrages.

Les ſtatues, les buſtes, les bas-reliefs & toutes les productions
du ciſeau ne ſont point bornés aux alentours des bâtimens, on les
introduit auſſi dans les autres parties des Jardins. Ils ſervent non
ſeulement à les décorer, ils rapellent encor la mémoire des événemens
paſſés & des perſonnages célèbres ; & c'eſt par eux que l'eſprit
agréablement excité à la contemplation ſe retrace avec intérêt les
ſiécles les plus reculés de l'antiquité. A ces ornemens les Chinois
ajoutent des inſcriptions antiques, des vers & des ſentences qui
tantôt ſont gravés ſur de grandes pierres à moitié détruites, ou ſur
des colonnes de marbre, tantôt ſur les arbres & les rochers. La
ſituation qu'ils choiſiſſent eſt toûjours celle qui correſpond d'avantage
au ſens de ces inſcriptions, de manière qu'en acquérant plus de force
elles puiſſent donner plus de vigueur au tableau.

Toutes ces décorations leur paraîſſent d'autant plus néceſſaires
pour diſtinguer & caractériſer les différentes parties de leurs compoſitions, que ſans cet heureux ſecours, ils pouraient difficilement les
préſerver

préferver d'une ennuyeufe reffemblance. Quand on leur objecte que plufieurs de ces chofes ne font pas naturelles & que parconféquent on ne devrait pas les fouffrir, ils répondent que la plûpart des chofes perfectionnées font auffi peu naturelles & qu'on leur permet cependant d'exifter comme telles : non feulement on les tolère, mais encor on les admire. Nos vêtemens ne font point de cuir tanné, ni femblables à notre peau; ils font faits de foyes précieufes & de broderie : nos maifons & nos palais n'ont aucune reffemblance aux cavernes des rochers qui paraîffent les feules habitations naturelles ; & notre mufique n'eft ni comme le tonnerre, ni comme les fifflemens des aquilons qui compofent toute l'harmonie de la nature. La nature ne nous apprête aucune viande, & cependant nous ne mangeons point de la chair crue ; elle ne nous a point donné d'autres inftrumens que les dents & les mains, & cependant nous avons des fcies, des marteaux, des haches & mille autres uftenciles. Enfin on citerait à peine une feule chofe à laquelle l'art n'ait point touché ; & pourquoi ferait-il exclus du Jardinage ? Si les poëtes & les peintres, lorfqu'ils veulent donner de l'énergie à leurs compofitions, prennent leur vol au deffus de la nature, le même privilége fera-t-il refufé aux Jardiniers ? La nature fimple & inanimée eft trop infipide pour l'objet que nous avons à remplir ; l'art fait la rendre plus piquante, & puifqu'on attend beaucoup de nos talens, nous avons befoin de tous les fecours qu'on peut tirer de l'une & de l'autre. Le tableau d'un Jardin doit différer de la fimplicité vulgaire de la na-

ture

ture autant qu'un poëme héroique diffère d'un difcours en profe ; &
les Jardiniers, femblables aux poëtes, doivent donner carrière à leur
imagination, s'élancer même au delà des bornes du vrai, toutes
les fois qu'il eft néceffaire d'élever, d'embellir, d'animer leur fujet,
ou d'y répandre le charme de la nouveauté.

La méthode ordinaire de diftribuer les Jardins à la Chine, confifte à
trouver la plus grande variété poffible de tableaux, qui doivent fe
préfenter fous certains points de vue, & où font placés des édifices
adaptés refpectivement aux jouiffances de l'efprit ou des fens. La perfection de ces Jardins dépend du nombre & de la diverfité des fites qui
les compofent, ainfi que de la favante combinaifon de leurs parties. Le
grand art eft de les difpofer de manière qu'envifagés féparément ils
fe déployent fous l'afpect le plus avantageux, & que confidérés dans
leur réunion ils forment un enfemble auffi élégant que magnifique.

Lorfque l'emplacement a beaucoup d'étendue & qu'on peut y
introduire un grand nombre de tableaux, chacun d'eux s'adapte ordinairement à un feul point de vue : mais quand le terrein eft borné,
& que la variété ne faurait avoir lieu, on difpofe les objets de telle
forte, qu'étant apperçus de différens points ils produifent des repréfentations différentes qui n'ont fouvent aucune reffemblance entre
elles. On s'attache auffi à placer les fcènes de la compofition dans des
directions telles que fe montrant toutes à la fois, elles préfentent à l'œil

etonné

étonné un fpectacle raviffant par fa richeffe, fa variété & fon étendue. On tire tout le parti poffible des objets extérieurs, & pour dérober à la vue les bornes de l'emplacement, rien n'eft oublié de ce qui peut former fon union apparente avec les bois, les champs & les rivières plus éloignés. Si l'on a fous les yeux des villes, des châteaux, des tours ou d'autres objets confidérables, on tâche de les préfenter fous tous les points de vue & dans toutes les directions poffibles. La même chofe s'obferve à l'égard des fleuves, des grands chemins, des fentiers, des moulins & de tous les objets mouvans qui animent & varient le païfage.

En Europe on fait mafquer les bornes des Jardins par des clairc-voies qu'on nomme *ha ha*, & par des foffés qui cachent une mu-raille. Les Chinois connaiffent ces deux méthodes, & en ont plu-fieurs autres dont l'invention n'eft pas moins heureufe. Dans les terreins plats, où les objets extérieurs n'offrent aucun point de vue, leurs Jardins font enveloppés de terraffes artificielles fur lefquelles on monte par des glacis. Ces terraffes forment des allées & font bordées intérieurement de grands arbres & de taillis. Des arbriffeaux plantés au dehors, & qui ne s'élèvent jamais affez pour dérober la vue des champs, les font paraître une continuation d'autant plus naturelle du Jardin, que le mur de clôture eft foigneufement caché dans les buiffons qui recouvrent toutes les pentes extérieures.

C   Si

Si le Jardin fe trouve plus élevé que la campagne, fon circuit eft defliné par des rivières artificielles dont les bords oppofés recèlent l'enceinte dans les arbres & les brouffailles. Quelquefois on fait ufage d'un fort treillis de fil d'archal peint en verd; on l'attache aux tiges qui bordent l'emplacement, & fes finuofités irrégulières, joint à la petiteffe de fes parties, empêchent qu'on ne le diftingue, même à une diftance très médiocre. Quand on veut employer les claires-voies, on a foin de remplir l'excavation de ronces & d'autres plantes épineufes; c'eft un moyen très fimple d'affurer la clôture, & de fauver l'effet défagréable que les dehors des murailles préfentent au fpectateur.

Dans les grands Jardins on imagine des tableaux différens pour les différentes parties du jour. Pour cet effet, aux points de vue principaux, on place des bâtimens qui d'eux-mêmes indiquent l'heure à laquelle la perfpective qu'on y découvre fe montre avec toutes fes beautés. Dans les Jardins de médiocre grandeur, où (comme on l'a déja dit) plufieurs repréfentations font le réfultat d'une feule combinaifon, on fait ufage du même artifice. Les Chinois ont encor des tableaux décorés pour chaque faifon de l'année. Ceux d'hiver font communément expofés au midi; des pins, des fapins & des cèdres, des chênes-verds, des filarias, des houx, des ifs & d'autres arbres toûjours verds en compofent le fond que l'on enrichit de lauriers-thim & de plufieurs fortes de lauriers, d'arboufiers & de diverfes plantes qui croiffent

& fleuriffent

& fleuriffent dans ce tems de l'année. Pour varier d'une manière gra-
cieufe ces fombres productions, on y mêle adroitement les fleurs ainfi
que les arbres & les arbuftes les plus rares de la zône torride. Les
plants de ces efpèces font affujettis à des figures régulières qu'on
divife par des allées; on les couvre pendant l'hiver de chaffis de verre.
auxquels on donne la forme d'un temple ou d'une autre fabrique élégante, & qui prennent le nom de Confervatoires. Des feux fouterreins
y entretiennent une chaleur douce & modérée qui vous appelle dans
ces retraites, lorfque la froidure ne permet pas de fe promener en
plein air. Toutes les efpèces d'oifeaux remarquables par la beauté
de leur plumage ou la douceur de leur chant, y volent en liberté, &
l'on y voit nager les poiffons dorés & argentés dans des jattes immenfes de porcelaine placées fur des rochers artificiels & ornées de
plantes & de fleurs aquatiques. Dans ces confervatoires les Jardiniers
Chinois font mûrir des framboifes, des cerifes, des figues, des raifins,
des abricots & des pêches; les arbres qui les produifent couvrent la
charpente des chaffis, & joignent ainfi l'utilité à la décoration.

Les fcènes de printems, également abondantes en arbres toûjours
verds, font entremêlées de lilas de toute efpèce, de cytifes, de tilleuls,
de mélèfes, d'aubépines à fleurs doubles, d'amandiers & de pêchers;
on y ajoute des églantiers odorans, des rofes printanières & des chevrefeuilles. Les bordures & l'intérieur des bofquets font ornés de jacintes
fauvages, de giroflées jaunes, de narciffes, de violettes & de primevères, de

C 2

polyanthes,

polyanthes, de crocus, de pâquerettes, de perceneiges, de plusieurs sortes d'iris & de la plûpart des fleurs qui paraissent dans les mois de Mars & d'Avril. Mais les tableaux de cette saison n'ayant par eux-mêmes qu'un fond médiocre de productions, on y distribue des ménageries remplies d'animaux sauvages & privés, & d'oiseaux de proie de toute espèce ; des volières & des bocages dans lesquels on réunit tout ce qui est nécessaire pour élever les oiseaux domestiques ; des laiteries décorées ; des bâtimens pour s'exercer à la lutte & au pugilat, pour les combats de cailles & les autres jeux connus à la Chine. On ménage aussi, dans l'intérieur des bois, de grands espaces découverts qui sont destinés à l'escrime, au manége, & à la course ; à voltiger, à tirer de l'arc & à tous les exercices militaires.

Les scènes d'été composent la partie la plus magnifique & la plus recherchée des Jardins Chinois. Les lacs, les rivières & les piéces d'eau prodigués sous toutes les formes, y sont couverts de vaisseaux aussi variés dans leur construction que dans leurs usages. Les uns vont à la voile, les autres sont des bâtimens à rames ; une partie doit servir à la pêche, l'autre à la chasse des oiseaux aquatiques, quelques-uns seront employés aux combats. Dans les bois qui décorent ces tableaux on distingue le chêne, le hêtre, le marronier d'inde, l'orme, le frêne, le platane, le sycomore, l'érable, plusieurs espèces de peuplier & beaucoup d'arbres particuliers à la Chine. Les bosquets sont formés de tous les beaux arbres qui perdent leurs feuilles

de

de toutes les plantes & de tous les arbuftes qui fleuriffent en été; & leur judicieux affemblage réunit la plus belle verdure à l'harmonie du coloris le plus brillant. Les bâtimens font fpacieux, magnifiques & nombreux; on en voit un ou deux dans chaque tableau. Ce font des falles de feftin, de bal, de concert ou d'exercices académiques; des falles de fpectacle, des jeux pour les danfes fur la corde & les tours de foupleffe: les uns renferment des bains & des réfervoirs où l'on s'exerce à nager; les autres font confacrés à la lecture, au fommeil & à la méditation.

Dans le centre des Jardins d'été on réferve prefque toûjours un emplacement confidérable que les Chinois confacrent au myftère & à la volupté. Une multitude d'allées étroites, de colonnades & de paffages dérobés, égarent & confondent par leurs détours ceux qui pénétrent dans cet azile. Tantôt des bofquets de taillis, mêlés de quelques grands arbres, en forment la divifion; tantôt elle eft marquée par des plants de haute-tige, ou par des touffes de rofiers & d'autres arbriffeaux à fleurs. C'eft un labyrinthe délicieux dont la décoration eft compofée des productions les plus fuaves & les plus éblouiffantes. Les faifans d'or & d'argent, les paons, les perdrix, les poules de Bantam, les cailles & le gibier de toute efpèce fourmillent dans fes bois; les tourterelles, les roffignols & mille oifeaux mélodieux font perchés fur fes arbres; les daims, les antilopes, les buffles mouchetés, les moutons, les chevaux tartares bondiffent dans fes plaines. Chaque allée vous conduit à

quelque

quelque objet ravissant; à des bocages d'orangers & de mirtes; à des ruisseaux dont les bords sont tapissés de roses, de chevrefeuilles & de jasmins; à des fontaines qui murmurent parmi les statues des nymphes endormies & celles des dieux aquatiques; à des cabinets de verdure avec des couches d'herbes & de fleurs aromatiques; à des grottes taillées dans le roc & ornées d'incrustations de corail, de coquilles, de minéraux, de pierres précieuses & de cristallisations; des rigoles d'eau parfumée les arrosent, & le souffle odoriférant d'un zéphyre artificiel y rafraîchit l'air qu'il embaûme.

Dans l'épaisseur des bosquets qui séparent les allées, sont menagés plusieurs réduits secrets où l'on renferme des bâtimens d'une structure élégante; ce sont autant de pavillons composés d'un grand appartement avec ses offices & les logemens nécessaires aux eunuques & aux filles esclaves. Des femmes de la plus rare beauté les habitent pendant l'été, & chacune de ces favorites avec toute sa suite occupe un pavillon séparé.

L'appartement principal est composé d'un ou de plusieurs grands sallons, de deux cabinets ou chambres de toilette, d'une bibliothèque, de deux chambres à coucher & d'autant d'antichambres, d'un cabinet de bain & de plusieurs garderobes. Toutes ces piéces sont magnifiquement meublées; on les garnit de livres amusans, de tableaux galans, d'instrumens de musique & de tous ceux qui servent à jouer,

à écrire,

à écrire, à deſſiner, à peindre ou à broder. On y place auſſi des lits, des chaiſes-longues, & des ſiéges de toutes les formes & pour toutes les poſtures dans leſquelles on peut s'aſſeoir ou ſe coucher.

Les ſallons ont vue pour l'ordinaire ſur de petites cours fermées autour deſquelles on met en parade des pots de porcelaine, de marbre ou de cuivre, diverſement contournés & remplis des fleurs les plus rares dans leur eſpèce & dans la ſaiſon : l'extrémité de ces cours eſt preſque toûjours terminée, ſoit par une volière, ou par un rocher artificiel avec une fontaine & un baſſin pour les poiſſons dorés ; ſoit par une caſcade, par un berceau de bambou ou de vigne entrelacés dans des arbriſſeaux à fleurs, & en général par quelque ingénieuſe décoration de cette eſpèce.

Indépendamment des habitations ſéparées où les femmes reçoivent les viſites de leur maître, toutes les fois qu'il juge à propos de les voir en particulier, on élève, dans l'intérieur des grands boſquets, d'autres bâtimens plus ſpacieux & plus magnifiques. C'eſt là que toutes les femmes ſe raſſemblent à certaines heures du jour pour manger à la même table & boire leur thé en ſociété ; pour converſer, ſe baigner ou nager ; pour travailler ou pour jouer à la mourre & à d'autres jeux Chinois : ou encor pour amuſer leur maître par des concerts, des chanſons & des danſes voluptueuſes, par des comédies ou des pantomimes : & il faut avouer qu'en général elles s'acquittent de toutes ces choſes avec un art ſingulier.

Dans le nombre de ces bâtimens quelques-uns font entiérement ouverts ; alors le toit eſt foutenu par des colonnes de cèdre ou de bois de roſe, avec des baſes de jafpe de Corée, ou par des piliers de bois, à l'imitation des arbres de bambou & de platane : des guirlandes de fleurs & de fruits artiſtement ciſelés entourent ces piliers ; elles font peintes au naturel & couvertes d'un vernis précieux. Les bâtimens fermés confiſtent fouvent en une feule falle très fpacieuſe, & quelquefois en plufieurs fallons auſſi variés dans leurs contours que dans leurs dimenfions. Les uns font triangulaires, quarrés & ovales ; les autres, exagones, octogones, circulaires ou d'une forme irrégulière & bizarre : tous font incruſtés de marbre ou de bois précieux, d'or, d'argent & de nacre de perle ; on y voit auſſi une profufion de glaces & de porcelaine antique, beaucoup de ciſelure & de dorure, avec des peintures de lacque de toutes les couleurs.

Les portes d'entrée font circulaires & polygones auſſi bien que rectangles. Les fenêtres ont la forme d'oiſeaux, d'animaux, de poiſſons & d'inſectes, ou font découpées en éventails, en feuillages & en fleurs : on les garnit d'un vîtrage peint ou de différentes gazes colorées, pour donner une teinte à la lumière & de la chaleur à tous les objets qui décorent l'appartement.

Dans tous ces bâtimens on accumule non feulement les meubles néceſſaires, mais encor les tableaux & les fculptures, les broderies

& les

& les bijoux auxquels on joint des ouvrages d'horlogerie du plus grand prix : on voit de ces derniers qui font très confidérables & dont les nombreux mouvemens ont l'effet le plus ingénieux ; ils font enrichis de divers ornemens d'or mêlés de perles & de diamans, de rubis, d'émeraudes & d'autres pierres précieufes.

Les bâtimens qu'on vient de décrire ne font pas les feuls que les Chinois introduifent dans leurs Jardins d'été. Ils en ont plufieurs fous la forme de tentes perfannes, quelques-uns conftruits de tiges fans branches & de racines affemblées avec beaucoup de goût, d'autres enfin qu'ils nomment Miau-Ting, ou Salles de la Lune, & dont fa dimenfion eft prodigieufe. Ceux-ci font compofés d'une feule chambre voûtée en forme d'hémifphère ; la partie concave peinte avec art, pour imiter un ciel de nuit, eft percée d'une infinité de petites fenêtres qui par leur découpure repréfentent la lune & les étoiles. Du verre coloré garnit ces différentes ouvertures & n'admet que la quantité néceffaire de lumière pour répandre dans tout l'intérieur ce fombre fi touchant d'une belle nuit d'été.

Le plein-pied de ces falles eft quelquefois diftribué en parterres de fleurs dans lefquels on arrange des bancs champêtres faits de branches de la plus belle forme & verniffées en rouge, pour repréfenter du corail ; mais plus fouvent il eft creufé en baffin & rempli d'une eau vive & limpide qui ruiffelle de toutes les parties d'un rocher placé

dans

dans le centre. Plufieurs petites ifles flottantes y tournent au gré
du courant ; les unes font couvertes de tables pour le feftin ou de
bancs pour les muficiens, les autres de berceaux qui contiennent des
lits de repos, des fofas, des fiéges & d'autres meubles fervant à
d'autres ufages.

C'eft dans ces falles de la lune que les princes Chinois fé retirent
avec leurs favorites, toutes les fois que la chaleur & la trop vive
lumière d'un jour d'été leur deviennent incommodes. C'eft là
qu'ils jouiffent des plaifirs de la table, & qu'ils fe livrent fans réferve
à tout ce que la volupté leur infpire.

Il faut en convenir, aucune nation n'égala jamais les Chinois dans
le nombre & la fplendeur des édifices de Jardin. Le Pere Attiret parlant d'un des Jardins de l'empereur fitué auprès de Pekin & nommé
Yven Ming Yven, dit qu'outre le palais qui eft lui-même une ville, on
y compte quatre cents pavillons dont l'architecture eft fi oppofée que
chacun d'eux paraît l'ouvrage d'un païs différent ; il en cite un qui
avait couté plus de deux cents mille livres fterling, fans y comprendre
les meubles, un autre qui contenait cent chambres, & il ajoute que la
plûpart de ces pavillons font affez vaftes pour loger le plus grand
feigneur d'Europe avec toute fa fuite. Le même Jardin renferme
encor une ville fortifiée avec fon port, fes rues, fes places publiques,
fes temples, fes marchés, fes boutiques & fes tribunaux de juftice,

en

en un mot avec tout ce qui fe trouve à Pekin ; de manière que c'eft
la capitale de l'empire en abrégé.

Les empereurs de la Chine étant trop efclaves de leur grandeur
pour fe montrer à leurs fujets, & l'ufage ayant défendu à leurs femmes
de paraître en public, on leur donne dans cette ville le fpectacle de la
capitale entière, de la multitude qui l'habite, de fa confufion, de fes
embarras. Ce divertiffement eft exécuté plufieurs fois dans l'année par
les eunuques du palais ; les uns font négocians, les autres artiftes,
marchands, foldats, officiers, crocheteurs, ouvriers ; on y voit jufqu'à
des voleurs & des filoux. Au jour marqué chacun endoffe l'habit
de fa profeffion, les vaiffeaux arrivent dans le port, on ouvre les
boutiques, on expofe les marchandifes en vente ; les cabarets, les
auberges, les maifons où l'on boit du thé reçoivent les allans & les
venans ; on crie dans les rues des fruits & des rafraîchiffemens de
toutes les fortes, les marchands vous tourmentent pour vous faire
acheter ce qu'ils ont à vendre, toute efpèce de liberté eft permife, on
n'admet aucune diftinction de perfonnes, l'empereur lui-même eft
confondu dans la foule. On fe querelle, on fe bat, le guet arrête
les combattans, on les mène devant le juge ; celui-ci examine la
difpute & condamne le coupable qui fouvent reçoit une baftonade
des plus rudes ; le tout pour récréer fa majefté impériale & les dames
de fa cour.

On penſe bien que dans ces fêtes les fripons & les eſcrocs ne ſont point oubliés ; ce rôle intéreſſant eſt confié ordinairement aux eunuques les plus adroits qui, comme les jeunes guerriers de l'ancienne Lacédémone, reçoivent des punitions ou des applaudiſſemens ſelon qu'ils ont bien ou mal réuſſi.

Dans les Jardins conſacrés à l'automne les Chinois plantent diverſes ſortes de chênes, de hêtres & d'autres arbres qui conſervent longtems leur feuillage & préſentent dans ſon déclin la plus riche variété de couleurs. On y mêle quelques arbres toûjours-verds & un petit nombre d'arbres fruitiers, avec le peu de plantes & d'arbriſſeaux qui fleuriſſent dans l'arrière-ſaiſon : vous y voyez auſſi des troncs de ſaûle dépouillés de leurs branches, des ſouches mortes & des arbres dépéris ; ils ſe montrent ſous les formes les plus pittoreſques & ſont couverts de mouſſe & de lierre.

Les bâtimens qui décorent ces tableaux d'automne ſont tels pour l'ordinaire qu'ils offrent l'image de la décadence ; ce ſont autant de ſouvenirs qu'on a deſſein de rappeller au ſpectateur. Il rencontre des hermitages & des aziles dédiés à la bienfaiſance où de fidèles ſerviteurs paſſent leurs vieux jours en paix, au milieu des tombeaux de leurs prédéceſſeurs enſevelis autour de ces habitations. Tantôt ce ſont des ruines de châteaux, de palais, de temples, & de maiſons religieuſes abandonnées ; des arcs de triomphe & des mauſolées à demi-enterrés

avec

avec des inferiptions mutilées qui jadis célébrèrent la mémoire de quelque hèros : tantôt des fépulcres confacrés aux ancêtres de la famille, ou des caveaux & des cimetières pour les animaux qu'on a chéris. On raffemble enfin dans ces Jardins tout ce qui peut retracer la fragilité des chofes humaines, leur inftabilité & leur diffolution. Ces objets s'uniffant à l'afpect lugubre de la nature en automne & aux inclémences de l'air, rempliffent l'ame de mélancolie & la difpofent aux réfléxions les plus férieufes.

Telle eft la décoration ordinaire des Jardins Chinois partout où le terrein n'a point de tendance frappante à un caractère particulier. Lorfqu'il eft marqué d'une manière plus forte, l'Artifte ne manque jamais de faire valoir fes fingularités. Remuer l'ame du fpectateur par des impreffions vives & variées, c'eft toûjours la fin qu'il fe propofe, & fon imagination fertile, fans ceffe à la pourfuite de la nouveauté, lui fournit mille moyens ingénieux d'arriver à ce but.

Les tableaux que j'ai décrits jufqu'à préfent font principalement dans le genre agréable ; mais les Jardiniers Chinois en ont de plufieurs fortes qu'ils employent felon la diverfité des circonftances ; ils en font trois claffes féparées, & les diftinguent par les appellations d'Agréable, de Terrible, & de Surprenant.

Le premier genre eft compofé des productions les plus magnifiques & les plus achevées du règne végétal qu'on mélange de rivières, de

lacs, de cafcades, de fontaines & de toutes fortes d'eaux jailliffantes.
Ces objets font difpofés & combinés fous toutes les formes pittorefques que l'art ou la nature peuvent fuggérer. Les bâtimens, les
fculptures & les peintures donnent autant de fplendeur que de variété
à la compofition, & pour ajouter à fa vivacité, on y raffemble les
plus rares productions du règne animal. Enfin rien n'eft oublié
de ce qui peut réjouir l'efprit, flatter les fens ou piquer l'imagination.

Les tableaux du genre terrible font compofés de fombres forêts,
de vallées profondes inacceffibles aux rayons du foleil, de rochers
arides près de s'écrouler, de noires cavernes & de cataractes impé-
tueufes qui fe précipitent de toutes les parties des montagnes. Les
arbres ont une forme hideufe, on les a forcés de quitter leur direction
naturelle & ils paraîffent déchirés par l'effort des tempêtes ; les uns
font renverfés, ils arrêtent le cours du torrent ; vous croyez que les
autres ont été noircis & fracaffés par la foudre. Les bâtimens font en
ruines, ou à demi-confumés par le feu ou emportés par la fureur des
eaux ; rien d'entier ne fubfifte finon quelques chétives cabanes difperfées dans les montagnes, qui ne vous apprennent l'exiftence des
habitans que pour vous montrer leur mifère. Les chauvefouris, les
vautours & tous les oifeaux de rapine voltigent dans les halliers ;
les loups, les tigres & les jakals hurlent dans les forêts, des animaux
affamés font errans dans les plaines. Du milieu des routes on voit

des

des gibets, des croix, des roues & tout l'appareil de la torture ; &
dans les plus affreux enfoncemens des bois où les chemins font raboteux & couverts d'herbes nuifibles, où chaque objet porte les mar-
ques de la dépopulation, vous trouvez des temples dédiés à la vengeance
& à la mort, des cavernes profondes dans les rochers, des defcentes
qui, à travers les brouffailles & les ronces, conduifent à des habitations
foûterreines. Près de là font placés des piliers de pierre avec les
triftes defcriptions d'événemens tragiques, & l'horrible récit des cru-
autés fans nombre commifes dans ces lieux même par les proferits &
les brigands des anciens tems : & pour ajouter à la fublime horreur
de ces tableaux, des cavités pratiquées au fommet des plus hautes
montagnes, recèlent quelquefois des fonderies, des fours-à-chaux &
des verreries d'où s'élancent d'immenfes tourbillons de flamme &
des flots continuels d'une épaiffe fumée qui donnent à ces montagnes
l'apparence de volcans.

Les tableaux que les Chinois nomment furprenans ou furnaturels
font du genre pittorefque & abondent dans le merveilleux. Leur
objet eft d'exciter dans l'ame du fpectateur une fucceffion vive de fenfations violentes & oppofées. Tantôt il eft entraîné rapidement, par
une defcente étroite & efcarpée, dans des caveaux foûterreins divifés en
appartemens où, à la lueur faible & mourante des lampes, il découvre
les pâles images des rois & des hèros de l'ancien âge couchés fur des
lits de parade ; leurs têtes font couronnées de guirlandes d'étoiles, &

dans

dans leurs mains font des tablettes remplies de fentences. Des flûtes & des orgues d'une harmonie douce & tendre, dont le jeu eft produit par des eaux foûterreines, interrompent par intervalles le filence de ces lieux, & y font retentir les fons les plus majeftueux.

Tantôt le voyageur, après avoir erré dans l'obfcurité de la forêt, fe trouve ébloui par le grand jour fur le bord des précipices ; il voit autour de lui les cataractes tomber des montagnes, & à fes pieds des torrens en furie dans la profondeur des abîmes. D'autres fois il eft tranfporté fous des rochers qui paraîffent fufpendus dans les airs, dans de noires vallées furchargées de forêts, ou près d'un fleuve dont les eaux dormantes baignent lentement des rives couvertes de monumens funéraires fous l'ombrage des faûles, des lauriers & des arbres confacrés à Mancheou le Génie de la douleur.

Une nouvelle fcène va s'ouvrir, on le conduit par des paffages ténébreux taillés dans le rocher : des figures coloffales de dragons, d'efprits infernaux & d'autres objets effroyables occupent les renfoncemens pratiqués des deux côtés ; elles tiennent dans leurs ferres monftrueufes des fentences myftérieufes & cabaliftiques écrites fur des tables d'airain avec des préparations qui produifent une flamme continue fervant à la fois à guider & à étonner le voyageur. De tems en tems on le furprend par des fecouffes répétées de l'impulfion électrique, par des ondées de pluie artificielle, des tourbillons de vent

impétueux

impétueux & des explofions de feu dont la durée eft celle d'un in-
ftant. La terre tremble fous fes pas par l'action de l'air refferré, &
fes oreilles font frappées fucceffivement de fons différens que le même
moyen fait produire : les uns reffemblent aux cris des malheureux dans
les angoiffes de la torture, les autres aux mugiffemens des tau-
reaux & aux hurlemens des bêtes féroces ; on y diftingue le cri des
chiens & la voix des chaffeurs. Ceux-ci font comme les croaffemens
confus des oifeaux carnaffiers ; plus loin ils imitent le tonnerre qui
gronde, le bruit de la mer courroucée, l'explofion des canons, le fon
des trompettes & tout le bruyant fracas de la guerre.

Delà le voyageur pourfuit fa route au milieu des bois de haute-
futaie où rampent les ferpens & les lézards des efpèces les plus brillantes ; une multitude innombrable de finges, de chats & de perroquets grimpent fur les arbres & l'intimident à fon paffage. Ou bien
il traverfe des bocages fleuris dans lefquels fon oreille eft enchantée par
le ramage des oifeaux, l'harmonie des flûtes & le concert des inftrumens les plus doux. Quelquefois auffi ces écarts pittorefques le
conduifent dans des réduits délicieux qu'entourent des berceaux de
jafmins, de vigne & de rofes ; dans des pavillons tranfparens artiftement peints en Architecture & illuminés par le foleil ; dans des
palais d'eau élevés avec art en colonnes, en arcades & en cabinets
découverts, fur des fonds de métaux diverfement colorés ou devant
des lampes innombrables qui variant les nuances du fluide donnent

E   à toute

à toute la fabrique l'apparence des diamans & des faphyrs, des émeraudes, des rubis, des améthiftes & des topafes. Là de belles filles Tartares vêtues de robes tranfparentes & légères qui voltigent au moindre fouffle, lui préfentent des vins exquis dans des coupes d'agate; des mangoftans, des ananas & des fruits de Quangfi, dans des corbeillées de filigrane d'or; elles le couronnent de guirlandes de fleurs, & l'invitent à goûter les douceurs de la retraite fur des tapis de Perfe, des peaux de lapins de Sibérie & des lits de duvet de Camufathkin.

Les eaux jailliffantes abondent toûjours dans ces fcènes enchantées & y font difpofées de manière qu'en produifant des effets furprenans, elles deviennent de magnifiques décorations. L'air eft employé avec le même fuccès dans plufieurs occafions, non feulement pour les objets dont on a déja parlé, mais auffi pour former des échos compliqués : on en trouve qui répétent le bruit caufé par le mouvement des pieds, d'autres celui que font les habits quand on les froiffe ou qu'ils font légérement agités; quelques-uns qui imitant la voix humaine en varient les tons & les accens, & tous font imaginés pour embaraffer, pour furprendre ou pour épouvanter le fpectateur à mefure qu'il avance.

On fait ufage également des illufions d'optique de toute efpèce, telles que ces peintures, fur des furfaces préparées, qui varient les reﬞ
préfentations.

préfentations auffi fouvent que le fpectateur change de place. Sous un point de vue elles préfentent des groupes de perfonnages, fous un autre des combats d'animaux ; ici des rochers, des cafcades, des arbres & des montagnes, là des temples, des colonnades & la plus grande variété de fujets agréables. On imagine auffi, pour le pavé des appartemens & l'incruftation de leurs murailles, des mofaïques compofées d'une infinité de morceaux de marbre ; au premier coup d'œil ils paraîffent entaffés fans ordre & fans deffein, mais quand on les regarde d'un certain point de vue, leur réunion compofe des repréfentations exactes & brillantes d'hommes, d'animaux, de bâtimens & de païfages. Souvent l'Artifte y fait entrer des morceaux d'Architecture, & même des vues entières en perfpective qui fe forment en introduifant des temples, des ponts, des vaiffeaux ou d'autres objets fixes diminués à mefure qu'ils s'éloignent des points, de vue, en couchant des teintes grifes fur les lointains de la compofition, & en y plantant des arbres d'une couleur plus pâle & d'une portée plus médiocre que ceux qui paraîffent fur le devant du païfage. C'eft ainfi qu'il fait donner à une bagatelle l'apparence d'une chofe confidérable.

Les Chinois raffemblent dans ces fcènes enchantées des fenfitives & toutes les fortes, des arbres & des fleurs extraordinaires ; ils y renferment une variété furprenante d'oifeaux monftrueux, de reptiles & d'animaux amenés des païs éloignés, ou qu'ils fe procurent

en

en croifant les races : on les apprivoife à force d'induftrie, & la garde
en eft confiée à des dogues énormes du Tibet, & à des géants Afri-
cains habillés en magiciens.

Ils ont pareillement dans leurs Jardins des cabinets où font
amaffées toutes les productions extraordinaires des trois règnes avec
des peintures, des fculptures, des médailles, des antiques, & les inventions les plus ingénieufes des arts mécaniques. C'eft pour eux
une nouvelle fource d'amufemens, lorfque le mauvais tems ou la
chaleur trop brûlante ne leur permettent pas de prendre l'air.

On communique aux différentes fcènes & aux autres parties des
Jardins Chinois par des allées, des chemins, des fentiers pour les gens
de pied & pour ceux qui font à cheval, des rivières navigables, des
lacs & des canaux. Partout l'Artifte introduit la plus grande
variété poffible dans les formes & les dimenfions, auffi bien que dans
la décoration, & partout il évite les abfurdités dont fourmille l'ancienne manière de Jardinage en Europe.

" Je n'ignore pas, difait un Artifte Chinois, que vos Jardiniers
" Européans croyant la nature infuffifante dans fes combinaifons,
" ou peut-être fe trouvant dégoûtés des objets naturels devenus trop
" familiers & trop vulgaires à leurs yeux, introduifent des formes
" artificielles dans leurs compofitions ; qu'ils taillent leurs arbres en
" façon

" façon de pyramides, de pots-de-fleurs, d'hommes, de poiſſons &
" d'animaux. On m'a fait la deſcription de colonnades & de palais
" entiers formés par des arbres, & taillés auſſi préciſément que s'ils
" avaient été bâtis de pierre ; jai même ouï parler d'une chaſſe
" toute entière où les hommes, les chevaux & les chiens ſculptés
" dans une paliſſade d'ifs y pourſuivaient un ſanglier de la même
" matière fuyant à toutes jambes ; mais cela s'appelle acheter la va-
" riété aux dépens de la raiſon : on ne doit jamais ſouffrir ces ſortes
" d'extravagances, hormis dans les ſcènes enchantées, ou même elles
" ne doivent paraître que bien rarement, puiſqu'elles ſont auſſi
" deſtituées de beauté que de convenance. Si le Jardinier a voyagé,
" s'il a fait des obſervations, il n'aura jamais beſoin de pareils ſecours
" pour introduire de la variété. Les grands chemins des païs qu'il
" a parcourus ſuffiront pour rappeller à ſa mémoire mille effets
" pleins de beautés qu'il peut faire entrer avec bien plus de ſuccès."

Les routes, les allées & les avenues des Chinois ſont tracées, ou
par une ſeule ligne droite, ou par une ligne tortueuſe, ou par des
zic-zacs compoſées de diverſes lignes droites qui changent de direction à certains points. Ils obſervent qu'il eſt peu d'objets plus
grands & plus frappans qu'une route ſpacieuſe plantée de grands
arbres, & prolongée en droite ligne à perte de vue : & ils n'en con-
naiſſent point qui fourniſſent des amuſemens auſſi variés qu'un
chemin tortueux dont la continuité ſe déployant aux yeux par gradations

dations leur découvre à chaque pas une nouvelle combinaiſon. Si ce dernier ne cauſe aucune émotion violente, il occaſionne cependant de fortes impreſſions de ſurpriſe & d'étonnement, en preſentant inopinément des choſes grandes ou extraordinaires : & cet effet eſt d'autant plus ſenti qu'il eſt plus oppoſé au plaiſir tranquille que le voyageur éprouve dans les parties bornées & reſſerrées du chemin. Les Chinois trouvent la ligne tortueuſe infiniment utile dans les petites compoſitions ; avec elle l'Artiſte multipliant les détours des ſes allées, peut dérober la médiocrité de l'emplacement & donner l'idée d'une grande étendue.

Ils ſont d'opinion que les routes tracées par une répétition de lignes droites dont les directions changent à certains points, ont tous les avantages & des chemins alignés & des chemins tournans, avec d'autres propriétés qui leur ſont particulières. La variété & les combinaiſons nouvelles des objets qui ſe préſentent à tous les changemens de direction tiennent l'ame agréablement occupée, & leur bruſque apparence occaſionne une ſurpriſe qui, pour peu que l'étendue ſoit vaſte & les répétitions fréquentes, devient bientôt de l'étonnement & de l'admiration. D'ailleurs l'incertitude où l'on ſe trouve ſur le terme & la durée de ces répetitions, & l'anxiété du ſpectateur à meſure qu'il approche des périodes, ſont elles-mêmes des impreſſions aſſez vives pour prévenir cet état de langueur où l'ame tombe naturellement en s'arrêtant longtems ſur les mêmes objets.

C'eſt

(39)

C'eſt d'après tous ces effets que les directions par lignes droites, &
particuliérement les *zic-zacs*, conviennent à merveille aux avenues ou
aux grandes routes qui conduiſent à des villes, à des palais, des ponts
ou des arcs de triomphe; à des châteaux ou à des priſons pour les
criminels; à des mauſolées & enfin à tous les édifices dont le but
eſt d'inſpirer l'horreur, la vénération ou l'étonnement. Quant aux
objets de moindre importance la ligne ondoyante eſt d'autant plus
convenable pour y arriver, que l'exiguité de leurs parties empêche
qu'on ne les diſtingue dans l'éloignement; comme ils ſont d'ailleurs
peu conſidérables en eux-mêmes, ils plaiſent dàvantage quand on les
apperçoit ſans s'y attendre, & du point de vue où les petites beautés
qui leur ſont propres ſe montrent dans tout leur éclat.

En diſtribuant les allées de ſes Jardins l'Artiſte Chinois a grand
ſoin de les conduire ſucceſſivement à tous les édifices principaux, aux points de vue les plus importans, & aux autres parties
intéreſſantes de la compoſition; de manière que le ſpectateur ſoit
amené inſenſiblement, & comme par accident, à chaque objet digne
de ſa curioſité; & cela ſans retourner ſur ſes pas, ou paraître s'écarter
de ſon chemin.

Ces allées, ſoit tournantes, ſoit en ligne droite, ſont quelquefois
placées à une diſtance conſidérable l'une de l'autre. On les ſépare
par des boſquets d'un plant fort ſerré qui cachant tous les objets extérieurs,

térieurs, tiennent l'efprit en fufpens fur l'étendue qu'on parcourt, & répandent dans l'ame cette fombre fenfation qui gagne naturellement tout homme errant dans les détours d'une forêt folitaire. Ailleurs les allées fe rapprochent, & le plant des bofquets, rendu par gradations plus elair & moins profond, donne paffage à la voix de ceux qui fe promenent dans les allées adjacentes ; l'œil y démêle confufément leurs perfonnes entre les tiges & le feuillage des arbres : infenfiblement les bois s'étendent & s'obfcurciffent, les objets difparaîffent, les voix expirent en murmures confus, lorfque tout à coup les allées repliées débouchant dans la même clairière, les différentes compagnies font agréablement furprifes de fe rencontrer dans un lieu où elles peuvent fe confidérer mutuellement & fatisfaire leur curiofité fans obftacle.

Les Jardiniers Chinois, foigneux d'éviter tout ce qui peut tromper défagréablement le fpectateur, finiffent rarement leurs allées en *im-paffes* ; mais fi la nature du lieu les y contraint, ils les terminent toûjours par quelque objet intéreffant qui vous dédommageant de votre attente fruftrée, ôte en même tems toute idée d'imagination puérile.

Jamais non plus ils ne conduifent une allée autour des extrémités d'un terrein dont le milieu eft laiffé entiérement découvert, comme on le pratique fi fouvent parmi nous. Quoique cette méthode puiffe rendre le premier coup-d'œil noble & frappant, ils penfent que le plaifir

ferait

ferait de courte durée, & le fpectateur trop faiblement amufé une promenade de quelques milles, pendant laquelle les mêmes objets ne cefferaient d'importuner fes regards. Si le terrein fur lequel ils doivent travailler eft de peu d'étendue, & qu'ils ayent deffein d'y repréfenter un grand tableau, pour être vu de l'habitation principale ou de quelque autre point capital, ils laiffent à découvert une grande portion de l'emplacement ; mais toûjours avec la précaution de fe ménager un bofquet de bonne épaiffeur qui rentrant, fréquemment & par groffes maffes, dans cette efplanade en dérobe plufieurs parties à l'œil du fpectateur.

Ces avances ou faillies produifent de la variété, par le changement qu'elles opérent à chaque point de vue dans la figure apparente de l'efplanade ; & l'interception continuelle des parties mafquées par leur épaiffeur, répand un air de myftère qui excite la curiofité de tous ceux que la promenade y attire : elles occafionnent auffi de grandes profondeurs de bofquet dont on fait ufage, foit pour placer des pavillons, des loges ou d'autres objets, foit pour les grands replis des princi-pales allées & des traverfes qui partent de celles-ci. Toutes ces chofes ôtant l'idée de bornes & de limites, rendent la promenade d'autant plus amufante : ajoutez encor que la difficulté de fuivre les détours multipliés des fentiers & des allées de côté, laiffe toûjours quelque chofe à defirer, & toûjours affez pour exercer l'imagination.

F

Dans

Dans les allées tournantes les Chinois évitent avec le plus grand foin tous les détours brufques ou peu naturels, mais furtout les courbes régulières qu'on appelle ferpentines, & dont nos Jardiniers Anglais font fi amoureux. Ils obfervent que ces lignes ondoyantes éternellement uniformes font, de toutes les chofes, les plus oppofées à la nature, les plus affectées, & affurément les plus ennuyeufes à parcourir. Ayant toûjours la nature en vue, ils détournent rarement leurs allées fans le prétexte apparent de quelques obftacles à éviter, foit qu'ils exiftent naturellement, foit que l'art les ait imaginés pour ajouter à la décoration. Une montagne, un précipice, une vallée profonde, un marais, un emplacement raboteux, un édifice ou quelque arbre vénérable par fes années, leur paraîffent une raifon de fe dé-tourner, vifible à tous les yeux. S'ils rencontrent la mer, une rivière, un lac de grande étendue, une terraffe d'où l'on découvre quelque belle perfpective, rien ne leur femble plus judicieux que de fuivre ces objets dans toutes leurs finuofités, & de manière à prolonger la jouiffance qu'ils procurent: mais dans un lieu uni, foit découvert, foit ombragé de bofquets, où l'on n'eft forcé par aucun obftacle, ni en-gagé par aucun mouvement de curiofité à fuivre un fentier tortueux, ils regardent tous ces replis comme une abfurdité. Un chemin, difent-ils, doit avoir été fait par les mains de l'art, ou frayé par les paffans; & dans l'un ou l'autre cas on ne faurait fuppofer que les hommes iront par une ligne tortueufe au point où ils peuvent arriver par une ligne droite. Ce raifonnement rend les Jardiniers Chinois

fort

fort avares de finuofités, & celles qu'ils emploient, toûjours faciles & naturelles, font conduites de manière qu'on n'apperçoit jamais plus d'une courbe à la fois.

Ils prennent garde encor d'éviter l'exact parallélifme de ces allées, tant à l'égard des arbres qui les bordent, que du terrein qu'elles occupent. Leur largeur ordinaire eft de huit à vingt & même trente pieds, felon l'étendue du Jardin ; mais les arbres des côtés, plus éloignés par intervalles, y forment des efplanades que l'on couvre de fougère, de genêts, de ronces & de buiffons, ou d'un tapis de verdure émaillé de fleurs fauvages.

Le terre-plein eft de gazon ou de gravier ; les bords n'en font point exactement terminés, mais de chaque côté ils s'enfoncent un peu dans les brouffailles & les bofquets, afin d'imiter la nature de plus près, & d'ôter cette raideur & cette affectation fi défagréables que l'ufage contraire occafionne dans nos Jardins d'Europe.

Dans les chemins ou allées en droite ligne, les Artiftes Chinois, quand leur emplacement eft vafte, obfervent exactement l'ordre & la fymmé-trie. L'art, vous diront-ils, n'a rien de choquant dans les ouvrages qui tiennent du prodige ; il fait naître des réfléxions agréables & fublimes ; il tranfmet aux races futures des monumens de la magnificence & de la grandeur de celles qui les ont précédées. Les routes impériales

font

font des ouvrages étonnans dans ce genre. Elles font compofées de triples avenues ornées de quatre rangs d'arbres d'une groffeur déme-furée. On choifit ordinairement des marroniers d'inde, des pins, des cèdres de montagne, & d'autres arbres d'une forme décidée ; ou des chênes, des ormes, des tulipiers, & ceux qui comme eux acquièrent les plus vaftes dimenfions. Ces arbres plantés à des diftances égales, s'étendent en droite ligne & fur un terrein de niveau, à deux ou trois cents & même quatre cents milles. L'allée du centre a depuis cent cinquante jufqu'à deux cents pieds de large, & les contre-allées ont généralement de quarante à cinquante pieds. Les branches y forment un couvert à l'abri duquel le voyageur pourfuit fa route, à toutes les heures du jour, fans être incommodé des rayons ni de la chaleur du foleil.

Quelquefois des paffages voûtés d'une hauteur immenfe conduifent ces routes à travers les rochers & les montagnes ; des chauffées & des ponts les tranfportent fur des lacs, des torrens & des bras de mer : plus loin, entre les précipices, des chaînes de fer les tiennent fufpen-dues dans les airs, & par des piliers & des rangées d'arcades elles font portées au deffus des villages, des pagodes & des cités. Pour tout dire enfin, on n'eut jamais égard aux difficultés quand il falut les conftruire, & tous les obftacles ont été vaincus avec une induftrie étonnante, & avec une dépenfe incroyable.

On

On trouve dans plufieurs parties de la Chine divers ouvrages de
l'efpèce qu'on vient de décrire ; mais le Paffage de King-tong, les
Ponts de Fo-cheu & de Lo-yang, & le Cientao dans la province de
Xenfi, font regardés comme les plus confidérables.

Le premier fert de communication entre deux précipices. Il eft
compofé de vingt chaînes de fer d'une énorme groffeur & qui ont
chacune deux cents pieds de long : les planches & la terre qui les
recouvrent forment le chemin.

Le fecond, entre Fo-cheu & le fauxbourg de Nan-ti, eft un pont
de cent arches, chacune d'une dimenfion fuffifante pour le paffage des
vaiffeaux à la voile. Il eft bâti de grandes pierres de taille, & entouré
d'une magnifique baluftrade de marbre dont les piédeftaux fupportent
les coloffes artiftement fculptés de deux cents lions de la même
matière.

Le Pont de Lo-yang eft dans la province de Fokien. C'eft l'ou‑
vrage le plus vafte & le plus furprenant dans ce genre dont on ait ouï
parler jufqu'à préfent. Trois cents maffifs de marbre noir, joints
l'un à l'autre par des blocs de la même matière, compofent toute la
ftructure : le chemin eft affis fur ces blocs, & fon parapet eft une ba‑
luftrade de marbre dont les piédeftaux font ornés de lions & d'autres
ouvrages de fculpture. La longueur totale du pont eft de feize mille

deux

deux cents pieds, ou au delà de trois milles d'Angleterre ; fa largeur eft de quarante-deux pieds ; les blocs dont il eft compofé ont chacun cinquante-quatre pieds de long & fix pieds d'épaiffeur.

Le Cientao, ou le chemin des piliers, eft une autre communication bâtie entre plufieurs précipices pour abréger la route qui conduit à Pekin. La longueur de ce paffage eft d'environ quatre milles, fur une largeur confidérable ; il eft porté au deffus des vallées par des piles & des arches d'une hauteur effrayante.

Dans les montagnes qui fe trouvent de chaque côté de ces routes impériales, on élève quantité de bâtimens ornés de ftatues coloffales & de fculptures dont la vue ne ceffe de récréer le voyageur. Ce font les tombeaux des fages, des guerriers & des faints perfonnages ; ils font conftruits aux fraix de l'état, & leurs infcriptions énergiques retracent la vie & les actions de ceux auxquels on les a confacrés. Ces édifices renferment fouvent des cours fpacieufes & des appartemens très vaftes ; plufieurs approchent des palais par leur magnificence & leur étendue.

Les allées du centre préfentent quelquefois, au lieu de chemin, des canaux qui ont depuis cent pieds jufqu'à cent cinquante de large, avec une profondeur fuffifante pour les galères & les petits vaiffeaux : de chaque côté font pratiquées des levées pour la facilité des chevaux qui

doivent

doivent traîner les bâtimens contre le vent ou le courant. L'empereur & les mandarins fe promènent fouvent fur ces canaux dans de grandes & magnifiques berges ou Sampans qui portent des fallons fuperbement décorés. Ils ont un nombreux cortége de moindres bâtimens de diverfes conftructions & ornés de dragons, de banderoles, de lanternes de foye peinte & de décorations fans nombre : le tout enfemble compofe un fpectacle auffi pompeux qu'amufant.

Toutes les forêts impériales, outre les grands chemins qui les traverfent, ont plufieurs avenues fpacieufes tracées dans l'épaiffeur du bois. Ces avenues, femblables aux rayons des étoiles, font tirées de différens centres & aboutiffent aux temples des idoles, à des tours, à des châteaux & à tous les objets intéreffans des environs. Les centres font de figure circulaire ou octogone avec huit percés, ou fimplement en demi-cercle avec une patte-d'oye qui n'a que trois branches. Pour l'ordinaire ils occupent un grand emplacement, & leur milieu eft décoré d'un arc de triomphe, d'une pagode, d'une fuperbe fontaine ou de quelque autre monument confidérable.

Toutes les fois que l'étendue eft plus vafte, chaque avenue dans fon cours, préfente une ou plufieurs efplanades d'où partent un grand nombre de moindres percés, qui fe terminent à des bâtimens élevés dans les bois pour différens ufages. La multitude des alignemens ajoute à la variété comme aux enchaînemens de ces compofitions, & fans y produire

duire la plus légère confufion, y donne encor une apparence d'im-
menfité dont on ne peut fe former l'idée à moins de les avoir vues.
Lorfqu'une vallée profonde, une large rivière ou un bras de mer
viennent croifer & interrompre l'avenue, on a foin, pour la faire
paraître plus confidérable, de prolonger les plants d'arbres fur le bord
oppofé.

Dans les routes alignées & d'une dimenfion médiocre, on imite
avec beaucoup d'art les irrégularités qui caractérifent la nature.
La direction générale a beau fe trouver en ligne droite, les Chinois
y évitent facilement toute apparence de contrainte ou d'affectation.
Ils plantent quelques arbres hors de la ligne commune, en jettent
quelques autres hors de l'à-plomb, ou bien ils font ufage de différentes efpèces qu'on difpofe par intervalles inégaux, tantôt en
laiffant les troncs entiérement nuds, tantôt en les couvrant de chévre-
feuilles & d'églantiers odorans, quelquefois en les entourant de buiffons. Leur manière de tailler & de difpofer les branches n'eft pas
moins variée. Les unes ont la liberté de s'étendre pour couvrir &
ombrager les allées, tandis que les autres font élaguées pour donner
paffage au foleil. Le terrein eft lui-même compofé de hauts & de
bas, & les bords des allées ayant en certains endroits une élévation
confidérable, forment des chemins creux dont le deffus eft fouvent
couvert de buiffons, & de troncs d'arbres abbatus. Souvent auffi
l'allée eft interrompue par un grand chêne, par un orme ou par un

tulipier

tulipier, placés dans fon milieu ; ou encor par une rangée d'arbres qui traverfant toute fa largeur, produit le plus agréable contrafte, lorfque d'un côté de ce rideau l'allée découverte fe trouve éclairée par le foleil, & que du côté oppofé les arbres épais & ferrés y répandent de l'obfcurité.

J'ai vu plus d'une fois à la Chine des berceaux ou cabinets de verdure, non pas de treillage, comme en France, mais de bambous, de coudriers & d'ormeaux, dont les branches entrelacées par le haut, formaient un ceintre très agréable à la vue, & infiniment utile dans les chaleurs de l'été. Pour donner plus d'agrément à ces délicieux aziles de la fraîcheur, leur dehors était entouré de jafmins, de phaféoles à fleurs rouges & de pois de fenteur, avec des grenadilles de plufieurs fortes, des capucines & des grands-liferons, qui perçant de toutes parts, émaillaient des plus riches couleurs les parois & les arceaux.

J'ai remarqué auffi dans les Jardins Chinois, des allées bordées de paliffades d'ifs ou d'ormes, fi communes dans la plûpart de nos païs d'Europe : les Chinois les introduifent quelquefois, pour jetter de la variété, mais jamais on ne leur voit cet air raide & guindé qui choque dans les nôtres. Ils n'emploient les cifeaux qu'avec réferve & circonfpection. Les montans, ou branches fupérieures, ont toûjours la liberté de s'étendre fans être inquiétés ; & même dans les parties tondues, on apperçoit des arbres qui percent par groffes touffes, comme

G

des

des sycomores, des figuiers, des vignes, & quelques autres dont le
feuillage & la verdure font les plus oppofés à ceux de la paliffade.

La largeur donnée par les Chinois aux allées, ainfi qu'aux avenues
alignées, varie non feulement en raifon de leur ufage & de leur deftina-
tion, elle diffère encor, jufqu'à un certain dégré, en raifon de leur longueur. Les routes ou les avenues qui mènent à des objets confidérables,
font compofées en général de trois allées paralèlles, comme on l'a déja
obfervé. La largeur de l'allée du milieu eft depuis trente jufqu'à cent
cinquante & même deux cents pieds; celle des contre-allées eft de quinze
à quarante pieds. Dans les Jardins la largeur des allées principales
en droite ligne, n'eft jamais au deffous de vingt pieds, & rarement au
deffus de quarante-cinq ou cinquante; & celle des plus petites allées
du même genre, eft au moins de douze pieds. Trente ou trente-fix
pieds font cenfés une largeur fuffifante pour une longueur de cent
toifes; quarante à cinquante pieds, pour une de deux cents; foixante,
pour une de trois cents, & foixante-dix, pour une de quatre cents toifes.
Quand la longeur excède cette dernière dimenfion, l'Artifte n'eft plus
affujetti à aucune proportion; il augmente fa largeur autant qu'il lui
eft poffible, obfervant néanmoins de ne jamais aller au delà de cent
cinquante ou deux cents pieds. Cette mefure lui paraît la plus grande
largeur qu'on puiffe donner à une allée, fans qu'il y ait de difpropor-
tion marquée avec les arbres dont elle eft bordée.

Les

Les Jardiniers Chinois ont autant d'expérience que de fageffe
dans la confection des routes & des allées. Ils ne les tracent
jamais au pied des montagnes ou des éminences, fans ménager des
conduits pour les eaux fupérieures qu'ils verfent dans la plaine par
des iffues voûtées fous le grand chemin : ces écoulemens forment
une infinité de petites cafcades qui dans la faifon des pluies, donnent
un nouveau relief à toute la décoration. Les chemins deftinés aux
voitures, font faits auffi de niveau qu'il eft poffible : on leur donne un
fond folide, & leur profil eft bombé de manière à rejetter promtement
toutes les eaux de pluie. Pour éviter la dépenfe on fe fert, autant
qu'on peut, des matériaux qui font le plus à portée ; & les conftruc-
teurs favent employer judicieufement diverfes terres, pour former des
mêlanges qui ne deviennent jamais durs ou gliffans, qui confervent
leur liaifon dans la féchereffe, & où l'on n'enfonce point lorfqu'ils
font mouillés : ces mêlanges fe réduifent difficilement en pouffière,
& ne forment jamais une furface hériffée de cailloux, fur laquelle les
chevaux qu'ils bleffent ont peine à fe mouvoir.

Les allées Chinoifes font de gazon, ou de gravier, ou de pierrailles
recouvertes d'une petite quantité de gros fable de rivière. Celles de
la première forte, trop expofées à être gâtées dans les endroits
publics, font prefque toûjours réfervées pour les Jardins particuliers :
leur tapis eft formé du gazon le plus fin & le plus pur, qu'on puiffe
trouver dans les communes ou fur les côteaux pelés ; on l'entretient

G 2

en

en le fauchant très fouvent, & en y roulant de gros cilindres de fer qui arrafent fa furface. Pour les allées de la feconde forte on fe contente, quand le terrein eft fec, d'une fimple couche de gravier confolidé, d'environ fix pouces d'épaiffeur ; mais lorfqu'il eft humide ou maré-cageux, on le couvre d'abord d'un lit de tuileaux ou de cailloux, & d'autres matières dures les plus aifées à fe procurer : le fol compact de ces allées eft tenu dans toute fa beauté par le fréquent ufage du rou-leau. Les allées de pierrailles font compofées de galets entaffés à la hauteur d'un pied, & battus jufqu'à ce qu'ils ayent acquis une con-fiftance ferme & une furface régulière : on les recouvre alors d'une quantité fuffifante de fable de rivière, pour remplir tous les interftices; après quoi le tout eft mouillé, & bien battu une feconde fois.

Dans les routes comme dans les allées, les Chinois font très foigneux de pratiquer des égoûts, avec les conduits & les puifards néceffaires à l'écoulement des eaux après les grandes pluies. Quant aux allées qui font fur un plan incliné, ils ne leur donnent jamais plus d'un demi-pouce de pente par pied, pour prévenir le dommage que les ravines pouraient y caufer.

La Chine étant fujette à des chaleurs exceffives pendant l'été, même dans les provinces feptentrionales, on y emploie beaucoup d'eau dans les Jardins. Ceux de médiocre grandeur, quand la fituation le permet, font mis fous l'eau prefque en entier; on y laiffe

feulement

feulement quelques iflots & quelques rochers. Dans les grandes compofitions chaque vallon a fon ruiffeau, qui après avoir ferpenté au pied des collines, vient fe jetter dans les lacs & les rivières. Les Artiftes Chinois font convaincus que fans cet élément, diftribué fous plufieurs formes, aucun Jardin ne peut être parfait, furtout dans un grand emplacement. C'eft lui qui rafraîchit les fens, qui les flatte & les égaye dans la faifon où la fcène champêtre eft le plus fréquentée ; il eft la fource principale de la variété, autant par les formes & les changemens dont il eft fufceptible, que par la multitude des combinaifons qui peuvent l'unir aux autres objets ; les impreffions qu'il caufe fe multiplient, en même tems qu'elles opérent avec une force fingulière. Enfin par fes modifications variées à l'infini, il met l'Artifte en état de prononcer plus fortement le caractère de chaque compofition ; d'accroître la tranquillité d'une fcène paifible, d'ajouter du fombre à la mélancolie, de la gaité au gracieux, du fublime au grand, & de l'horreur au terrible.

Ces mêmes Artiftes obfervent que les jeux & les exercices fur l'eau, tels que nager, ramer ou voguer, pêcher, chaffer ou combattre, deviennent une fource inépuifable d'amufemens. Les habitans des eaux, poiffons ou volatiles, font eux-mêmes un objet continuel de récréation, furtout pour les naturaliftes. Les barques & les vaiffeaux, tantôt pouffés par la tempête, tantôt gliffans légérement fur le cryftal de l'onde applanie, forment par leurs combinaifons, mille tableaux
momentanés

momentanés qui animent & embelliffent chaque point de vue. Ils comparent un lac tranfparent, dans le calme d'un beau jour de foleil, à un riche morceau de peinture, où tous les objets environnans font repréfentés dans la plus haute perfection : & pour me fervir de leur expreffion, vous diriez que c'eft une ouverture percée dans l'univers, au travers de laquelle on voit un autre monde, un autre foleil & un autre ciel.

Les Chinois font perfuadés que la beauté de la nature végétante, dépend en grande partie de l'abondance des eaux qui l'arrofent. Les eaux produifent du contrafte & de la variété dans les fcènes, elles enrichiffent la verdure des peloufes, elles portent la fanté & la vigueur dans les plantations.

Leurs lacs font auffi vaftes que l'emplacement le permet, & l'on en voit qui ont une circonférence de plufieurs milles. Ils font deffinés de manière que d'aucun point de vue particulier toutes leurs terminaifons ne pouvant être apperçues, le fpectateur ignore toûjours l'étendue de ces piéces d'eau. On y entremêle plufieurs ifles, tant pour compliquer la forme générale, que pour mafquer les limites, & donner de la richeffe au tableau. Les unes n'occupent que l'efpace fuffifant pour contenir un ou deux arbres à branches pendantes, comme les faules-pleureurs, les bouleaux, les cytifes & les mélèfes, dont les rameaux inclinés paraîffent tomber dans les eaux. Les

autres

autres beaucoup plus grandes font cultivées avec art, & ornées de peloufes, d'arbriffeaux en bofquet, de taillis & d'édifices. Quelques-
unes préfentent une furface rude & montagneufe ; elles font en-
vironnées d'écueils & de bas-fonds, couvertes de fougère & de hautés
herbes, avec quelques arbres épars dans les vallées : & fouvent on y
voit errer lentement l'éléphant, le rhinocéros, le dromadaire, l'au-
truche, le Tin-Hynng, ou l'homme-ours, le Man-Iu, ou Cheval-
cerf, & le Sin-fin, ou finge noir de ftature gigantefque.

Vous trouvez d'autres ifles qu'on a élevées à une hauteur confidérable, & dont l'enfemble eft une fucceffion de terraffes qui fe communiquent par des rampes & de magnifiques perrons. Aux
angles de ces terraffes & fur les côtés des efcaliers, font placés des
trépieds d'airain où fume l'encens le plus pur. Sur la platteforme
dominante on élève ordinairement, foit une tour majeftueufe pour les
obfervations aftronomiques, foit un temple de ftructure élégante,
rempli d'idoles, foit la ftatue coloffale d'une divinité, ou quelque
autre ouvrage diftingué qui ferve à la fois d'ornement au Jardin,
& de perfpective à toute la contrée.

On introduit auffi dans ces lacs de grands rochers artificiels bâtis
d'une pierre de la plus belle couleur, qui fe trouve fur les côtes de la
Chine ; ils font modelés avec goût, & percés d'ouvertures à travers
lefquelles on apperçoit plufieurs lointains. Ils renferment de profondes cavernes, réceptacle des crocodiles, des tortues de Whang-
Chew-

1

Chew-fu des ferpens d'eau & d'autres monftres énormes ; des volières pour les oifeaux aquatiques des grottes avec des appartemens tout brillans de productions marines & de pierres précieufes. On y voit végéter des herbes de toutes les efpèces ; des plantes rampantes & des arbuftes qui croiffent fur les rochers, tels que la mouffe, le lierre terreftre, la fougère, le paind'oifeau & les différentes fortes de joubarbe ; le geranium, le buifnain, le cifte & le genêt, avec quelques arbres enracinés dans les crêvaffes. Leur fommet eft couronné d'hermitages & de temples, où vous conduit un efcalier tournant dont les dégrés raboteux font taillés dans le roc.

Mais de toutes les conftructions aquatiques des Chinois, les plus extraordinaires, & en même tems les plus agréables, font celles qu'ils nomment Hoie-ta, ou Habitations Submergées. Des fallons & des cabinets bâtis entiérement fous l'eau, compofent ces édifices ; leurs murailles font incruftées des plus beaux coquillages, mêlés de branches de corail & de plantes marines, auffi variées dans leurs formes que fingulières dans leurs efpèces. Ces décorations tapiffent des niches bizarres dans lefquelles font placées, chacune à fon rang, les ftatues de Fung-Shan dieu des vents, & de Bong-Hoie monarque de la mer ; de Shue-Kong dieu des eaux, de Fong-Hoi Long Wong roi de l'océan oriental, & celles de toutes les divinités inférieures de l'humide élément. Des compartimens de jafpe, d'agate, & des plus curieufes madrépores de Haynan, forment le plancher des appartemens. Le plafond

compofé

compofé de glaces, admet la lumière au travers de l'eau qui le couvre, ainfi que la fabrique entière, à la hauteur de plufieurs pieds. Ces glaces brillantes de mille couleurs, font jointes avec folidité, & ont affez de force pour réfifter à la pefanteur du fluide qui preffe toute leur furface. C'eft une fingularité fort amufante d'obferver, à travers le cryftal du lambris, l'agitation de l'eau, le paffage des navires, & les jeux des oifeaux aquatiques ou des poiffons qui nagent au deffus du fpectateur. Les habitations fubmergées fervent au même ufage que les Miau-Ting dont nous avons déja parlé; on y prend le frais pendant la chaleur du jour, & les mandarins en font des retraites voluptueufes, confacrées aux feftins & à l'amour.

Sur les bords des lacs on élève des galeries très étendues & plufieurs bâtimens détachés, de formes & de dimenfions différentes. Ils font entourés de plantations, & l'on y voit des ports de mer avec des vaiffeaux & des flottes entières mouillés à leur embouchure, des forts avec leurs drapeaux flottans, & leurs canons en batterie. Ailleurs ce font des bofquets d'arbriffeaux à fleurs, des prairies couvertes de bêtail, des terres à blé, des plantations de cannes de fucre & de cottoniers, des vergers remplis d'arbres fruitiers, & des rizières avancées dans le lac, au milieu defquelles font ménagés des paffages pour les barques. Plus loin la bordure eft un bois de haute-futaie, avec des ances ou des fleuves qui reçoivent les vaiffeaux : vous trouvez les rives couvertes d'herbages & de rofeaux; les branches des arbres bizarrement

H

étendues

étendues, y forment des berceaux ferrés & obfcurs fous lefquels paffent les navires. On a pratiqué dans les bois plufieurs enfilades qui du centre de ces berceaux, vous découvrent des villes, des ponts & des temples; mille autres objets dans l'éloignement fe préfentent fucceffivement à la vue, & rempliffent l'ame de defir & d'impatience ; lorfque tout-à-coup des rochers, de groffes branches & des arbres entiers, ont rendu tout progrès impraticable. Entre les vuides qui les féparent, on apperçoit la rivière pourfuivant fon cours, & plufieurs ifles fur lefquelles, ainfi qu'au milieu des eaux, paraîffent les débris d'anciens édifices avec des infcriptions funéraires & des fragmens de fculpture. Ces objets aiguifent la curiofité du fpectateur, & ajoutent au regret qu'il éprouve en fe voyant fruftré dans fon attente.

Quelquefois auffi, au lieu d'être arrêtés dans leur courfe, le vaiffeau & le fleuve lui-même font entraînés, par la direction impétueufe du courant, dans des cavernes ombragées de bois épais. Le voyageur eft pouffé pendant quelques momens fous ce couvert ténébreux ; mais bientôt rendu à la lumière, il fe retrouve fur des lacs environnés de hautes forêts penchées dans les airs, de montagnes qui étalent les plus riches perfpectives, & de temples majeftueux dédiés à Tien-ho & aux efprits céleftes.

Sur ces lacs les Chinois donnent des combats, des courfes & des proceffions de vaiffeaux; quelquefois des feux d'artifice avec des illuminations,

minations, deux genres de fpectacle dans lefquels ils font infiniment fupérieurs aux Européans, tant pour l'habileté, que pour la magnificence. En certaines occafions, non feulement les lacs & les rivières, mais auffi les pavillons & toutes les parties du Jardin, font illuminés d'un nombre incroyable de lanternes, fous mille formes différentes & mêlées de lampions, de torches, de pots-à-feu & de fufées. Ce coup d'œil eft au deffus de tout ce qu'on peut imaginer. La Girandole & l'illumination de Saint Pierre du Vatican, qui font les plus magnifiques fpectacles de cette efpèce que nous ayons en Europe, deviennent elles-mêmes des bagatelles, quand on les compare aux illuminations des Chinois.

Dans une fête particulière qui prend le nom de Fête des Lanternes, la Chine entière eft illuminée pendant trois jours, & l'on dirait alors que tout l'empire eft en feu. Chacun allume des lanternes de papier, de corne, de verre, de nacre de perle ; ou de bois fculpté, avec du vernis & des dorures : ces dernières font entourées d'une étoffe de foye mince & bien tendue, fur laquelle on peint des fleurs, des oifeaux, des hommes, des animaux ; le grand nombre de lumières qu'elles renferment, donne un brillant extraordinaire à ces différens objets. Dans les unes on fait paraître, fous des ombres colorées, des vaiffeaux à la voile, des armées en marche, des chevaux qui galoppent & des oifeaux qui volent. Les autres font remplies de marionettes repréfentant des charlatans, des baladins, des danfeurs, des lutteurs, des

gens

gens qui fe battent à coups de poing. On fait mouvoir chaque figure par des fils imperceptibles, & celui qui les met en jeu joignant fa voix à l'action, fait varier les tons d'une manière fi conforme aux geftes & à la ftature des perfonnages, qu'on croirait en effet qu'ils parlent.

Il y a des lanternes en forme de tigres, de dromadaires & de dragons monftrueux peints fur des tranfparens remplis de lumières. Des hommes renfermés au dedans de ces machines les promènent dans les rues, & ont l'addreffe de leur faire imiter tous les mouvemens des animaux qu'elles repréfentent. On en voit d'autres flotter fur les rivières & les canaux, pareilles à des barques & à des vaiffeaux de différentes conftructions, ou que l'on prendrait pour des dauphins, des alligators & des marfouins qui nagent & bondiffent fur les eaux. Plufieurs femblables à des oifeaux voltigent dans les airs ; elles feront fufpendues dans les arbres, ou placées fur le haut des maifons & dans toutes les parties des Pay-fang * & des Pau-ta †. Enfin il eft prefque impoffible d'imaginer une forme fous laquelle on ne voye pas quelques-unes de ces lanternes. Elles font exécutées avec autant de goût que de délicateffe, & leur dépenfe eft fi confidérable qu'elle va quelquefois à mille Taels, qu'on évalue à trois cents cinquante livres fterling.

* Arcs de triomphe.   † Tours.

C'eft

C'eft pendant la fête des lanternes qu'on tire les plus beaux feux d'artifice: comme ils reffemblent en beaucoup de chofes à ceux d'Europe, leur defcription particulière pourait devenir ennuyeufe ; mais on ne peut s'empêcher de citer ce qu'en rapporte un miffionaire: l'extrait eft affez curieux pour fervir d'échantillon au lecteur, & en même tems lui donner une idée de la fupériorité des Chinois dans la Pyrotechnie.

" Je fus finguliérement furpris, dit ce Pere, d'un feu d'artifice
" qu'on me fit voir à Pé-king. Il repréfentait un berceau de vigne qui
" brûla pendant fort longtems fans fe confumer. Les grapes étaient
" rouges, les feuilles vertes, & les tiges de couleurs variées comme
" celles de la nature. Toutes les formes étaient reprefentées avec la
" plus grande exactitude en feux de diverfes couleurs. Le tout
" exécuté avec un art admirable, eut l'effet le plus agréable que
" j'aye jamais vu."

Les rivières artificielles des Chinois font rarement en ligne droite ; elles font plufieurs détours, & leur cours eft rompu par des irrégularités, à différens intervalles. Quelquefois elles font étroites, bruyantes & rapides; quelquefois profondes, larges & pareffeufes. Leurs rivages diverfifiés à l'imitation de la nature, paraîffent nuds & fabloneux, ou couverts de bois jufqu'au bord du courant. Tantôt ils feront plats, & femés de fleurs & d'arbriffeaux; tantôt efcarpés, chargés de roches, &

formant

formant des cavernes profondes avec des replis tortueux où le ramier & les oiſeaux aquatiques conſtruiſent leurs nids. Souvent ces rivages s'élèvent en pluſieurs collines dont le penchant eſt couvert de bo-cages : les vallons ſont arroſés de ruiſſeaux, & l'on y trouve des clairières ornées de maiſons de plaiſance, de cabanes & de temples ruſtiques, avec des troupeaux de chèvres & de moutons qui paîſſent dans leurs entours. L'Artiſte cache toûjours la terminaiſon des rivières, ſoit dans les bois, ſoit derrière des côteaux ou des bâtimens; ſouvent il la détourne ſous un pont, la dirige dans une caverne, ou la fait perdre dans les ſables & les rochers.

Dans les lacs, comme dans les fleuves, on voit croître toutes ſortes de roſeaux, de plantes ou de fleurs aquatiques qui ſervent d'abri aux oiſeaux & d'ornement à la compoſition. On y élève des moulins & des machines hydrauliques, toutes lesfois que la ſituation le permet. On y raſſemble auſſi des vaiſſeaux magnifiques, conſtruits d'après les formes de toutes les nations ; & des oiſeaux de rivière qu'on choiſit parmi les eſpèces les plus curieuſes des régions étrangères.

Les Chinois n'ont pas moins de magnificence & de variété dans la conſtruction de leurs ponts, que dans les autres décorations. Quelques-uns ſont bâtis de bois & compoſés, tantôt de planches raboteuſes qu'on arrange dans un goût ruſtique, ſur de groſſes racines; tantôt de pluſieurs troncs d'arbres jettés groſſiérement au deſſus du courant, &

bordés

bordés de branches dépéries dans lesquelles s'entrelacent des liferons ou
campanettes, & des plantes rampantes de plufieurs efpèces : d'autres font
formés par des arcades de charpente affemblées avec beaucoup d'addreffe & de propreté. Ils ont auffi des ponts de pierre & de marbre,
ornés de colonnades, d'arcs de triomphe, de tours, de belvédères, &
de pavillons pour la pêche ; de ftatues, de bas-reliefs, de trépieds
d'airain & de vafes de porcelaine. On conftruit les uns fur un plan
courbe ou ondoyant ; on partage les autres en plufieurs branches qui
ont chacune une direction particulière : ceux-ci font en ligne droite,
& ceux-là, placés au confluent des rivières & des canaux, ont une
forme triangulaire, quadrilatère, ou circulaire, fuivant que leur fituation l'exige, avec des pavillons aux angles, & des baffins dans le
centre, qui font ornés de jets-d'eau & de fontaines.

Plufieurs font entiers, & exécutés avec tout le goût & toute la délicateffe poffibles : quelques-uns paraîffent en ruines ; vous en voyez
d'autres qu'on a laiffés à moitié achevés ; ils font environnés d'échaf-
fauds, de machines, & de tout l'appareil de la conftruction.

En lifant la defcription de tous ces ponts, des pavillons, des
temples, des palais, & des autres fabriques dont on a déja parlé &
qui font difperfées avec profufion dans les Jardins Chinois ; on ima-
ginera naturellement que leur multitude dépouillant ces Jardins du
caractère champêtre, les fait reffembler à des villes magnifiques, plutôt

qu'à

qu'à des emplacemens cultivés pour jouir du spectacle de la végétation. Mais l'Artiste fait y placer les édifices d'une manière
si judicieuse, qu'ils donnent de la richesse & de la beauté aux
points de vue particuliers, sans nuire à l'aspect général de la compo-
sition, dans laquelle on voit presque toûjours la nature prédominer.
On a beau remplir les Jardins de bâtimens & d'autres ouvrages de l'art,
il s'y trouve toûjours plusieurs points de vue d'où l'on n'apperçoit
aucun édifice : d'ailleurs vous en découvrez rarement plus de deux ou
trois à la fois, tant ils sont adroitement cachés dans des vallées, derrière des montagnes & des rochers, ou dans les bois & les bosquets.

Cependant pour offrir plus de variété, la plûpart des Jardins Chinois
ont quelques endroits particuliers consacrés à des tableaux d'une nature
étrangère à cette règle. De ces emplacemens choisis, tous les édifices
ou du moins le plus grand nombre réunis sous un seul point de vue,
s'élèvent en amphithéâtre les uns au dessus des autres; l'étendue qu'ils
occupent est prodigieuse, & leurs combinaisons bizarres offrent aux
yeux la plus magnifique confusion que l'on puisse imaginer. L'Artiste,
sachant combien l'ame est remuée par le contraste, ne perd aucune
occasion de pratiquer des transitions subites ou de présenter de fortes
oppositions, aussi bien dans la nature des objets dont il compose
son ensemble, que dans la manière de les modifier. Il vous conduira
d'un point de vue limité, à une perspective étendüe ; d'un lieu qui
inspire l'horreur, à des sites délicieux ; du bord des lacs & des rivières,

vières, à des bois & à des peloufes ; enfin des plus fimples arrangemens de la nature, aux productions de l'art les plus compliquées. Il
contrafte les couleurs triftes & fombres par des couleurs éclatantes,
il oppofe la lumière à l'obfcurité, & rend ainfi fes productions non
feulement diftinctes dans les parties, mais encor finguliérement frappantes dans la totalité de leur effet.

Les cafcades, que les Chinois introduifent toûjours quand le terrein le permet, & que l'eau fe trouve en quantité fuffifante, font quelquefois régulières, comme celles de Marli, de Frefcati & de Tivoli ;
mais plus fréquemment elles font rudes & fauvages, comme les cataractes de Trolhetta, de Niagara, & du Nil. Vous verrez un fleuve
entier fe précipiter du haut de la montagne dans les vallées, où il
écume & bouillonne parmi les rochers, jufqu'à ce que tombant du fommet d'un autre efcarpement, il s'enfevelifle dans l'impénétrable obfcurité des forêts. Ailleurs les eaux élancées rapidement de plufieurs
ouvertures, deviennent autant de cafcades en directions différentes, qui
au moyen de divers obftacles, s'uniffent bientôt pour former une
nappe immenfe. Quelquefois la vue de la cafcade eft inter-
ceptée prefque en entier par des branches pendantes ; quelquefois
fon paffage eft embaraffé par des arbres & des amas de pierres
énormes, que le torrent en fureur femble avoir entraînés. On jette
fouvent entre les rochers, des ponts de bois d'une ftructure grof-
fière, qui traverfent les parties les plus efcarpées de la cataracte :

I

un

un fentier étroit & tortueux fuit les bords du précipice ; & l'on voit fufpendus au deffus des eaux, des cabanes & des moulins dont la fituation dangereufe ajoute à l'horreur du tableau.

Dans le nombre de ces cafcades on en trouve qui font difpofées de manière, que tombant de la cime d'un rocher furplombé, en grandes nappes unies & régulières, elles forment des demi-arches d'une ouverture confidérable. Des parterres de gazon occupent tout l'efpace vuide, & leurs allées formées du plus beau cailloutage, font enjolivées de plantes & de fleurs qui fe plaifent dans les lieux humides. Les parois du rocher creufés à différentes hauteurs, renferment des grottes & des réduits qui fe communiquent par des efcaliers coupés également dans la pierre vive. De ces enfoncemens, la cafcade lorfqu'elle eft éclairée par le foleil, paraît comme une multitude d'arcs-en-ciel étincelans de mille couleurs; & les arbres, les bâtimens, ou les autres objets que fa tranfparence laiffe appercevoir, ajoutent l'effet le plus piquant à ce tableau pittorefque.

Les Chinois aimant l'eau avec tant de paffion, on croit bien que pour s'en procurer leurs Jardiniers favent employer les reffources de l'art, toutes les fois qu'elle eft refufée par la nature. Ils ont une infinité d'inventions pour ramaffer les eaux, & quantité de machines très fimples dans leur conftruction, qui à peu de frais, les élèvent prefque à toutes les hauteurs. Pour inonder les vallons ils em-

ploient

ploient la méthode ufitée en Europe, en conftruifant à leurs extrémités, des levées de terre ou des bâtardeaux de maçonnerie. Quand le
fol trop poreux laiffe échapper l'eau, ils en glaifent le fond, comme on
s'y prend parmi nous pour le rendre compact : & afin de prévenir les
inconvéniens qu'occafionnent les eaux ftagnantes, ils pratiquent toûjours, même dans les endroits où la fourniture eft modique, une
décharge confidérable que l'on exécute en rapportant dans un réfer-
voir, & par des conduits foųterreins, l'eau qui s'eft écoulée : on
l'élève avec des pompes & d'autres machines, pour la verfer de nouveau dans le lac où elle répand le mouvement & la circulation.
Leurs piéces d'eau n'ont jamais une profondeur médiocre ; ils leur
donnent au moins cinq ou fix pieds, pour empêcher l'écume de
monter & les herbes de furnager : ils ont foin en même tems de les
peupler de cignes & d'oifeaux aquatiques qui fe nourriffant d'herbages
en diminuent la propagation.

Quand les Chinois inondent ou defféchent un terrein, ils ménagent
foigneufement tous les vieux arbres, & en détruifent le moins qu'ils
peuvent, foit en ne mouillant point les racines outre mefure, foit eu
leur confervant toûjours affez d'humidité.   C'eft, difent-ils, une
perte irréparable que celle d'un bel arbre refpectable par fes années ;
elle altère la beauté des plantations voifines, & détruit fouvent l'effet
du tableau champêtre fous plufieurs points de vue dans l'éloignement.
En formant leur terrein ils apportent la même précaution à l'égard des

I 2

anciens plants, obfervant de ne jamais enterrer les tiges, ni de mettre trop à découvert les racines des arbres qu'ils ont deffein de conferver.

L'Artifte Chinois n'imite point ces Jardiniers Européans qui plantent, fans choix & fans diftinction, tout ce qu'ils trouvent fous la main. Il n'imagine pas non plus, comme certains ignorans de là même claffe, que toute la perfection des plantations confifte dans la variété des arbres & des arbriffeaux qui les compofent. Sa pratique au contraire eft affujettie à plufieurs règles que la raifon & de longues obfervations lui ont apprifes, & dont il ne s'écarte prefque jamais.

" Il y a des arbres, des arbriffeaux, & des fleurs, dit Li-Tfong
" auteur Chinois de la plus haute antiquité, qui réuffiffent dans les
" lieux bas & humides ; d'autres qui fe plaifent fur les côteaux & les
" montagnes. Quelques-uns veulent un fol gras & nourriffant ;
" quelques autres croiffent dans les terres glaifes, dans le fable, fur
" les rochers même & dans les eaux. A ceux-ci l'afpect du foleil eft
" néceffaire, à ceux-là l'ombre & le couvert conviennent davantage.
" Il y a des plantes qui profpèrent dans des fituations expofées, mais
" en général il leur faut de l'abri. L'habile Jardinier à qui l'étude
" & l'expérience ont enfeigné ces différences, les confulte & les ap-
" proprie fcrupuleufement dans fes opérations. Il fait que de leur
" combinaifon dépendent la croiffance & la fanté de fes plantes, &
" par conféquent la beauté de fes plantations."

A la

A la Chine, comme en Europe, les faifons ordinaires de planter font l'automne & le printems; quelques végétaux devant être plantés dans la première faifon, quelques autres dans la feconde. Les Jardiniers Chinois s'abftiennent de planter, toutes les fois que la terre eft affez humide pour faire craindre la pourriture des racines; que les gelées font affez voifines pour attaquer la plante avant qu'elle foit rétablie du choc occafionné par la tranfplantation, ou que l'aï & l'eau ont trop de féchereffe pour lui fournir fa nourriture; toutes les fois enfin que le tems eft affez orageux pour la fecouer & la renverfer, pendant qu'elle eft encor mal affurée, & qu'elle n'a point pris racine.

Ils obfervent que la perfection des arbres pour le Jardinage de décoration, confifte dans leur proportion, comme dans la beauté & la variété de leurs formes; dans la couleur & le poli de leur écorce; dans la quantité, la forme & la riche verdure de leur feuillage, auxquelles on ajoute fa précocité dans le printems & fa longue durée dans l'automne. Ils exigent encor, pour atteindre cette perfection, que les arbres croiffent avec promtitude, qu'ils fupportent vigoureufement tous les extrêmes du froid & du chaud, de la féchereffe & de l'humidité; que pendant le printems & l'été ils ne faliffent point les allées par la chûte de leurs fleurs, & que leurs branches ayent affez de force pour réfifter à la violence des tempêtes fans être endommagées.

La

La perfection des arbrisseaux consiste non seulement dans toutes les propriétés qu'on vient de déduire, elle dépend aussi de la beauté, & de la durée, ou longue suite des fleurs qu'ils produisent, ainsi que de l'aspect plus ou moins agréable de chaque arbrisseau, avant qu'il ait ces fleurs & après qu'il en est dépouillé.

" Nous savons, disent les Jardiniers Chinois, qu'aucun arbre ne
" possède toutes ces bonnes qualités, mais nous choisissons ceux
" qui ont le moins de défauts, en renonçant à toutes les plantes
" exotiques qui végétent difficilement dans nos climats. On a beau
" nous dire qu'elles sont rares, il n'est pas possible qu'elles soyent
" belles, puisqu'on les voit toûjours languissantes & malades. Ayez,
" tant qu'il vous plaira, pour satisfaire la curiosité du Botaniste, des
" chambres chaudes & des serres fraîches destinées aux végétaux de
" chaque région ; ce ne sera jamais que des infirmeries : ceux que
" vous y tiendrez enfermés seront autant de plantes valétudinaires
" privées de vigueur & de beauté, & n'existant, qu'à force de soins,
" de veilles & de médecine."

Parmi les arbres favoris des Chinois, le saule-pleureur tient le premier rang. Ils cultivent cet arbre avec le plus grand soin, & plantent la grande espèce près des lacs, des rivières, des fontaines, & partout où son aspect n'est point déplacé : l'espèce naine est élevée dans des pots qui servent à décorer les appartemens. Plus d'une

fois

fois les poëtes Chinois ont célébré les beautés du faule-pleureur. On connait même un poëme entier à fa louange, qui a été traduit en français, & dont la ftance fuivante poura donner une légère idée.

Lon li hhoang y te ku fhi
Iao ine fiou fha iao thao hhoa
I tiene fhine hhene iou hiene hhoa
Ki toane giou hhoene pou foane ki
Neune ffe pe theon ine iou ki
Hhoa moe chouang hiaa khi von fzeu
Iu ho pou taï tehune tfane fzeu
Ie ie chi chi tzeu thon fhi.

" A peine * la faifon du printems eft venue, que le faule couvre
" d'une robe verte la couleur jaune de fon bois. Sa beauté fait
" honte au pêcher, qui de dépit arrache les fleurs qui le parent, &
" les répand fur la terre ; l'éclat des plus vives couleurs ne peut fe
" comparer aux graces fimples & touchantes de cet arbre. Il pré-
" vient le printems, & fans avoir befoin du vers-à-foye, il revêt
" fes feuilles & fes branches d'un duvet velouté que cet infecte n'a
" point filé."

* Cette traduction eft tirée du mémoire de Mr. Freret fur la Poëfie Chinoife. *Hift.*
de l'Acad. Roy. des Infcriptions.

Les

Les Chinois condamnent l'exceffive variété dont quelques Jardiniers d'Europe font fi amoureux dans leurs plantations. Ils fe
fondent fur ce qu'une diverfité trop grande dans les couleurs & dans
le feuillage, comme dans la direction des branches, doit créer de la
confufion, & détruire toutes les maffes, principe de l'effet & de la
grandeur. Ils obfervent auffi que cette variété n'eft point naturelle;
car dans la nature la plûpart des arbres femant leurs propres graines,
des forêts entières fe trouvent généralement compofées d'arbres de
la même forte. Ils admettent cependant une variété modérée, mais
leurs arbres ne font point choifis au hazard, pour être entaffés pêle-
mêle; ils font une attention fingulière à la couleur, à la forme, au
feuillage de chaque arbre en particulier; & mélangent feulement
ceux qui vont enfemble, & qui s'affortiffent d'une manière agréable.

Certains arbres ne conviennent qu'aux bofquets; quelques-uns
doivent toûjours s'employer ifolés; il en eft d'autres également adaptés
à ces deux fituations. Les Chinois regardent le cèdre de montagne,
le pin, le fapin d'argent, & tous ceux dont les branches ont une direction horizontale, comme peu convenables aux bofquets, parceque
ces branches rentrent les unes dans les autres & qu'en même tems
elles tranchent durement fur les arbres de derrière. Jamais non
plus ils ne mêlent ces arbres à branches horizontales, avec le cyprès,
l'arbre-de-vie oriental & les arbres à branches verticales; ni avec le
mélèze, le faule-pleureur, le bouleau, le cytife & ceux qui ont les
branches

branches pendantes : les premiers par l'interfection de leurs branchages formeraient un rézeau trop défagréable à la vue. Jamais vous ne verrez un Jardinier Chinois employer enfemble le catalpe & l'acacia, l'if & le faule, le platane & le fumac, ni aucun des autres dont les efpèces font auffi hétérogènes. Mais dans les grandes forêts il réunit au contraire le chêne, l'orme, le hêtre, le tulipier, le fycomore, l'érable & le plane ; le marronier d'inde & le noyer d'occident ; le peuplier blanc, le tilleul, & tous ceux dont le feuillage touffus cache les branches & leur direction ; qui croiffent en maffes arrondies, s'affortiffent les uns aux autres, & par l'harmonie de leurs teintes combinées forment un feul & grand maffif de riche verdure.

Dans les plantations moins confidérables, on emploie des arbres d'une portée plus médiocre, mais toûjours dans les efpèces concordantes. Ces arbres font bordés de lilas de Perfe, & d'obiers ou rofiers de Gueldres, avec des feringas & des coronilles de diverfes efpèces ; des framboifiers, des jafmins jaunes, des millepertuis, des filipendules, des mauves arborefcentes & d'autres arbriffeaux fleuris, qu'on entremêle de plufieurs fortes de fleurs, & de mahalebs ou bois de Sainte Lucie : on y ajoute des fureaux, des cormiers, des acacias, de l'aubépine double, & quantité d'arbres à fleurs. Partout où le terrein eft nud, on le couvre de pervenches bleues, purpurines, blanches ou variées ; de petits-liferons, de juliennes, de violettes & de penfées, de primevères, & de différentes efpèces de plantes rampantes, avec

K

des

fraifiers, des petits-millepertuis, & du lierre qui montant le long des arbres en recouvre toutes les tiges.

Dans les bocages d'arbuftes & d'arbriffeaux, les Chinois fuivent la même règle, autant qu'il eft poffible : ils obfervent feulement de ne planter dans les uns que ceux qui fleuriffent en même tems, & dans les autres que les arbriffeaux dont les fleurs fe fuc-cèdent. De ces deux méthodes la première eft fans contredit la plus brillante, mais fon effet eft de courte durée ; & pour l'ordinaire le bocage paraît mefquin, dès que les fleurs font tombées. Elle eft donc très rarement employée, & l'on ne s'en fert que pour les ta-bleaux dont la jouiffance tient à certains périodes. En toute autre occafion, on préfère la feconde méthode, tant à caufe de fa longue durée, que des agrémens qui reftent au bofquet après la chûte des fleurs.

Les Jardinier Chinois ne difperfe pas fes fleurs indiftinctement dans les bordures, fuivant l'ufage ridicule de certain païs de l'Europe. Il les arrange au contraire avec beaucoup de circonfpection ; & l'on dirait, fi l'expreffion était permife, qu'il peint ingénieufement le chemin des fleurs fur la lifière des plantations, & dans les autres endroits où il eft befoin d'en introduire. Rejettant toutes les plantes qui font de grands écarts, qui font dures dans les couleurs & maigres dans leur feuillage, il choifit toutes celles qui ayant une certaine durée,

durée, préfentent un volume confidérable ; qui viennent par bou-
quets, fous une belle forme & bien feuillées, & dont les teintes font
d'accord avec les nuances du verd qui les entoure. Il évite toutes les
tranfitions foudaines, tant dans la dimenfion que dans le coloris ; &
s'élevant par dégrés, des plus petites fleurs aux guimauves, aux pi-
voines, aux tournefols, aux gros pavots & aux plantes des plus hautes
tiges, il varie fes nuances par gradations infenfibles, du blanc & du
jaune le plus pâle, du pourpre & de l'incarnat, aux bleux les plus
foncés, aux plus brillans cramoifis, & à la couleur d'écarlate la plus
vive. Quelquefois il entremêle plufieurs tiges dont les feuilles & les
fleurs venant à s'unir, ne compofent qu'une feule maffe éblouiffante
par la richeffe & l'harmonie de fes couleurs. Ce font pour l'ordinaire
des talafpics annuels blancs & pourprés, des pieds-d'alouete, des
mauves de diverfes couleurs, des pavots doubles, des lupins, des
compagnons ou jacintes de poëte, & des œillets ; auxquels il ajoute
quantité d'autres fleurs qui fe conviennent & pour la forme & pour
les teintes. Le Jardinier fait ufage de la même méthode à l'égard
des arbuftes fleuris : il marie des rofes blanches, rouges & diaprées,
des lilas blancs & violets, des jafmins jaunes & blancs, des guimauves de diverfes fortes ; en un mot toutes les plantes de cette
efpèce qui peuvent s'unir d'une manière convenable : ces mélanges
répandent de nouveaux charmes dans la compofition dont elles aug-
mentent la variété.

K 2

Dans

Dans les grands Jardins les fleurs croiffent ordinairement en pleine terre; mais dans les Jardins-fleuriftes, & dans les autres parties dont l'entretien eft plus recherché, elles font cultivées dans des pots qu'on enfouit au milieu de la plattebande : on renouvelle ces pots à mefure que les fleurs tombent ; de manière que la fucceffion eft à-peu-près continue pour tous les mois de l'année, & qu'on ne voit jamais une fleur qu'avec tous fes agrémens & dans toute fa beauté.

Les bofquets découverts font un des objets les plus intéreffans des Jardins Chinois : comme les femmes y paffent une grande partie de leur tems, on a foin de les placer dans la fituation la plus agréable, & l'Artifte y prodigue toutes les efpèces de beautés naturelles.

En général leur emplacement eft inégal, mais fans être raboteux : on choifit une plaine interrompue par de petites éminences; ou la pente d'une montagne d'où l'on découvre de riches perfpectives; ou quelques vallons entourés de bois, & arrofés de fontaines & de ruiffeaux.

Ceux dont l'expofition eft découverte, font bordés pour l'ordinaire de prairies femées de fleurs, de champs de blé d'une vafte étendue, & de grands lacs; les Artiftes Chinois ayant remarqué que le brillant & la gaité de ces objets contraftaient gracieufement avec le fombre du bofquet. Lorfqu'ils font bornés à des taillis, ou à des bois fort ferrés, la plantation eft ordonnée de manière que de quelque endroit qu'on

y aborde.

y aborde, une partie du bosquet se trouve cachée; & sa totalité ne se découvrant aux yeux que par dégrés, excite & satisfait graduellement la curiosité du spectateur.

Plusieurs de ces bosquets sont composés d'arbres toûjours verds, & principalement de forme pyramidale; leur plant très éclairci est mêlé d'arbrisseaux à fleurs. Quelques-uns ne contiennent que des arbres de haute-futaie qui par leurs branches & leurs feuillages étendus présentent un abri contre la chaleur. Les arbres ne sont jamais trop serrés; on laisse entre chaque tige un espace suffisant pour se promener ou s'asseoir sur des gazons dont la verdure & la fraîcheur se conservent en tout tems sous l'ombrage : au renouveau ce tapis est orné d'une infinité de fleurs précoces; de violettes, de crocus printaniers, de polyanthes & de primevères; de jacintes, de perceneiges, de narcisses & de marguerites. Parmi ces arbres on en voit dont les branches commencent au pied même du tronc; d'autres ont leurs tiges entiérement nûes; mais la plûpart sont entourés de rosiers, d'églantiers odorans, de chèvrefeuilles, de phaséoles à fleurs rouges & de capucines, avec des pois de senteur ou des gesses de différentes sortes, des églantiers doubles, & des arbustes odoriférans qui parfument les airs, & dérobent à la vue les parties arides de l'arbre qu'ils embellissent.

Quelquefois les bosquets découverts sont composés de limoniers, d'orangers, de citroniers, de *pompelmouses* & de myrtes. Ces arbres

arbres croiffent en pleine terre, ou dans des pots & des caiffes
qu'on enfouit dans le fol, pour les tranfporter dans des ferres vertes
pendant l'hiver, fi le climat n'eft pas affez doux. Les Chinois ont
auffi des bofquets découverts formés de toutes fortes d'arbres fruitiers
des plus beaux contours. Ceux-ci offrent le coup-d'œil le plus
raviffant lorfqu'ils font en fleur, ou que les fruits ont acquis leur ma-
turité. Pour ajouter à la riche fécondité des tableaux de ce genre, on
y plante des vignes dont les grappes font de différentes couleurs, &
qui s'entrelaçant autour des tiges, viennent retomber en feftons d'un
arbre à l'autre.

Dans tous ces bofquets on élève des couvées de faifans, de perdrix,
de paons & de coqs d'inde, avec les plus belles efpèces d'oifeaux do-
meftiques, qui à certaines heures du jour y accourent en troupes
pour recevoir leur nourriture. On y garde auffi, en fe fervant du
même moyen, des écureuils, des fapajoux, des cakatuas & d'autres
perroquets, des daims de l'ifle de Java, des chèvreaux mouchetés,
des agneaux, des cochons d'inde, enfin tous les oifeaux ou animaux
les plus jolis dans les petites efpèces.

Les arbres dont fe fervent les Chinois dans leurs bofquets découverts, & qu'ils emploient également, foit ifolés, foit en groupes de
deux, trois ou quatre, font le cèdre de montagne, le pin, le fapin
d'argent & celui qui produit le baûme de galaad ; le mélèze, le

cyprès,

cyprès, le thuia ou l'arbre de vie, celui que nous apellons pin de Weymouth & dont l'écorce eft fi unie; avec le faule pleureur, le frêne, l'érable, le noyer d'occident, le tulipier, l'acacia, le chêne, l'orme & tous ceux qui croiffent fous des formes pittorefques. Quand ces arbres viennent à perdre leur figure naturelle, par une végétation trop promte, ou par quelque autre accident, on tâche de les contourner d'une manière agréable, foit en élaguant leurs excroiffances, foit en leur fefant prendre une nouvelle direction. Le marronier d'inde, le tilleul & quelques autres dont l'uniformité régulière a quelque chofe de contraint & d'affecté, ne s'emploient jamais ifolés; mais leur riche verdure, leurs fleurs & leur épais feuillage, les rendent très convenables aux bofquets, aux bois & aux avenues.

Les Chinois ont des arbres deftinés fpécialement aux parties riantes & décorées du Jardin ; quelques-uns ne doivent fe montrer que dans les endroits fauvages & les fcènes d'horreur; d'autres font pour les ruines & les tombeaux, ou pour accompagner les édifices : c'eft toûjours la différence des qualités qui établit celle de l'ufage & des fituations.

Dans tous les plants d'arbres, on fe règle avec une attention fcrupuleufe fur la dimenfion naturelle des tiges. Les arbres d'un portée médiocre compofent les premiers rangs, & ceux dont la tige eft plus haute, s'élèvent par gradations fur le derrière, de manière qu'on apperçoit

perçoit le tout enfemble, au premier coup d'œil. Imitateurs fidèles de la nature, les Chinois réfervent certains arbres pour les terreins bas & humides, & d'autres pour les endroits fecs & élevés. Quoiqu'un faule puiffe croître fur une montagne, & un chêne dans un marais, cela n'empêche pas, vous difent-ils, que les fituations ne foyent contre la nature & pour l'un & pour l'autre.

Quand le propriétaire eft opulent, les Artiftes n'ont en vue que la perfection dans les Jardins qu'ils compofent; mais lorfque fa fortune eft médiocre, leur ordonnance dictée par l'économie, n'admet que des plantes, des arbres & des bâtimens, qui joignent l'agrément à l'utilité. Au lieu de peloufes, ce font des prairies ou des pâturages couverts de moutons & de bétail ; des rizières & des plantations de cottoniers ; des terres à blé, des chénevières, des champs de navets, de pois, de féves, & d'autres grains ou légumes qui produifent des fleurs & préfentent à la vue de grandes piéces de verdure nuancées de plufieurs couleurs. Les bofquets compofés d'arbres fruitiers de toutes les fortes, rapportent des pommes, des pêches & des cerifes, des mûres, des abricots, des figues, des olives, des noifettes, & une infinité de fruits particuliers à la Chine. Les bois font plantés de grands arbres, qui fervant à bâtir & à brûler, produifent éncor du gland, des châtaignes, des noix & plufieurs graines ou fruits profitables au cultivateur. Toutes les efpèces de gibier abondent dans les bofquets ainfi que dans les bois.

Les

Les buiſſons d'arbriſſeaux ſe compoſent de roſiers & de groſeillers rouges & blancs ; de framboiſiers, de lavende, de vignes, de groſeillers épineux, avec des ſureaux, de l'épine-vinette, des pêchers de pluſieurs ſortes, & des amandiers. Toutes les allées ſont étroites ; on les conduit ſous l'ombrage des arbres & ſur la liſière des plantations, pour qu'elles n'occupent aucune partie du terrein utile. Dans le nombre des bâtimens, les uns ſont des granges pour ſerrer les grains & les foins ; les autres, des écuries pour les chevaux & des étables pour les bœufs. On y voit des laiteries avec les étables à vaches, & leurs ſéparations pour les veaux ; des chaumières pour les laboureurs avec des hangars pour les inſtrumens du labourage. Tantôt ce ſont des colombiers & des baſſes-cours où l'on élève la volaille ; tantôt des chambres chaudes pour les primeurs, & des ſerres vertes pour la culture des fruits rares & précoces, pour celle des légumes & des fleurs. Tous ces édifices ſont diſpoſés d'une manière judicieuſe, & conſtruits avec goût, quoique dans un ſtyle ruſtique.

Les lacs & les rivières ſont peuplés de poiſſon, & d'oiſeaux aquatiques ; les barques & les batteaux ſont imaginés pour la chaſſe & la pêche, & pour d'autres exercices également amuſans & profitables. Dans les bordures on plante, au lieu de fleurs, des fines herbes, du céleri, des carrotes, des pommes de terre, des fraiſes, des phaſéoles ou haricots à fleurs rouges, des capucines, de la chicorée, des concombres, des melons, des ananas, & d'autres fruits ou légumes de belle apparence ;

L

parence : quant aux productions potagères moins agréables à la vue,
elles font cachées foigneufement derrière des contrespaliers---C'eft
ainfi que chaque fermier peut avoir un Jardin, fans aucune dépenfe :
& fi tous les cultivateurs, ajoutent les Chinois, étaient des hommes
de goût, on pourait fans difficulté, faire un Jardin continuel de la
terre entière.

Tel eft en fubftance ce que j'ai recueilli jufqu'à préfent fur les
Jardins des Chinois. Je me fuis attaché dans cet ouvrage à donner
l'efquiffe générale du ftyle de ce peuple en matière de Jardinage ;
& fans entrer dans les détails frivoles, j'ai paffé fous filence beaucoup
de petites règles que fes Artiftes pratiquent dans l'occafion. Les di-
ftinctions minutieufes font toûjours inutiles aux hommes de génie, &
deviennent fouvent nuifibles, parce qu'elles chargent la mémoire
de reftrictions fuperflues, & qu'elles donnent des entraves à l'imagination.

Les moyens ainfi que les arrangemens qu'on vient d'indiquer,
font ceux dont les Jardiniers Chinois font principalement ufage, ceux
qui caractérifent d'avantage leur ftyle & leur manière. Mais ces
Jardiniers ont tant d'invention, & favent tellement varier les combinaifons, que vous ne verrez jamais deux de leurs compofitions qui
fe reffemblent. Bien loin de s'imiter & de fe copier l'un l'autre, ils
évitent même de fe répéter dans leurs propres ouvrages. Ce qu'on a

déja

I.

déja vu, difent-ils, opère faiblement à une feconde infpection ; & tout
objet qui préfente une reffemblance, même éloignée, à un objet connu,
excite rarement une nouvelle idée. Il ne faut donc pas imaginer que
les chofes qu'on a décrites, foyent toutes celles qui exiftent, car on
pouvait apporter une infinité d'autres exemples : mais les exemples
qu'on a choifis doivent paraître fuffifans; & avec d'autant plus de raifon
que la plûpart font comme ces piéces de mufique qui, bien que très
fimples en elles-mêmes, fuggèrent à une imagination fertile un en-
chaînement de variations qui fe fuccèdent à l'infini.

Les Européans en général regarderont comme improbables un
grand nombre des defcriptions précédentes, & l'exécution de ce
qu'on a décrit leur paraîtra en quelque forte impraticable : mais
ceux qui connaiffent l'Orient favent qu'il n'eft rien au deffus des
efforts de la magnificence orientale, & que bien peu de chofes paffent
pour impoffibles là où les tréfors font inépuifables, où le pouvoir eft
illimité, où la munificence n'a point de bornes.

Nos Artiftes d'Europe ne dőivent pas compter fur des occafions
fréquentes de rivalifer ce luxe & cette grandeur Afiatiques : rarement trouveront-ils des ifles pour les autruches, & des forêts pour
les éléphans. Partout où les propriétés font divifées entre beaucoup,
où le pouvoir a des bornes, où l'opulence eft le partage d'un très
petit nombre, les hommes de génie peuvent fouvent imaginer plus

L 2

de

de chofes qu'il n'eft poffible d'en exécuter ; cependant qu'ils ayent toûjours le courage de regarder le foleil, & de copier autant qu'ils pourront de fon éclat & de fa fplendeur. Ils verront naître les ob- ftacles fous leurs pas, ils feront arrêtés dans leur courfe, on les em- pêchera de prendre un vol élevé ; mais que leur attention aux grands objets n'en foit ni plus faible ni moins conftante. Que leurs pro- duétions témoignent toûjours qu'ils connurent le chemin de la per- feétion, & qu'ils manquèrent feulement des facilités néceffaires pour y arriver.

Dans les païs ou l'on donnera le nom de Jardinage au métier d'entortiller des allées, de faire des trous & des foffés tortus, afin d'y prendre de la terre pour élever des taupinières, d'éparpiller des arbriffeaux, & de préfenter une monotonie éternelle de peloufes, de bofquets & de buiffons, comme ces carillonneurs qui n'ont que trois cloches ; les Artiftes auront très peu d'occafions de manifefter leurs talens, & il n'importera guère de quelle claffe on tire les Jardiniers. Le premier ruftre poura facilement rivalifer un Claude-lorrain ; & le Pouffin lui-même fe verrait éclipfé par des maraîchers. Le plus inepte exécutant fans peine tout ce qu'il y aurait à faire, l'homme de mérite n'aurait jamais la liberté d'aller au delà. Mais quand on adoptera un meilleur ftyle, quand les Jardins feront naturels fans reffembler à la nature vulgaire, neufs fans affeétation, extraordinaires fans extravagance ; quand on aura

pour

pour objet d'amuſer le ſpectateur, de ſoutenir ſon attention, & d'exciter ſa curioſité, en un mot de remuer l'ame par des impreſſions variées & oppoſées, alors les talens deviendront néceſſaires ; on exigera que les Jardiniers ſoyent des hommes de génie, d'expérience & de jugement, auſſi promts à concevoir qu'à imaginer, féconds en reſſources, & profondément verſés dans la connaiſſance du cœur humain & de ſes affections.

F I N.

E R R A T A.

Pa. Lig.

12—14, prêtes à se détacher *lisez* près de se détacher.

14—17, d'avantage *lisez* davantage.

15— 2, parconséquent *lisez* par conséquent.

16—22, que se montrant toutes à la fois *lisez* que toutes se montrant à la fois.

30—13, forcés *lisez* forcé.

34— 6, corbeillées *lisez* corbeillés.

35—21, & toutes les sortes *lisez* de toutes les sortes.

41— 2, amusé une promenade *lisez* amusé dans une promenade.

56— 2, oiseaux aquatiques des grottes, &c. *lisez* oiseaux aquatiques, des grottes, &c.

——— 6, paind'oiseau *lisez* pain d'oiseau.

65—16, vertures *lisez* ouvertures.

70— 8, renoncant *lisez* renonçant.

74—15, les *lisez* le.

9 782329 733043